JN228381

高橋則夫

授業中
刑法講義

われ 教える、
故に われあり

信山社

は し が き

　本書は，『授業中』という名がついていますが，私の講義をそのま
ま録音して掲載したものではありません。そんなことをしたら，大全
集になってしまうのみならず，私の講義を受けた人はよく知っている
ように，人生論や文化論など様々な話題に脱線する講義であることか
ら，収拾がつかなくなってしまいます。そこで，私の講義の雰囲気を
加味して，したがって，親父ギャグもほどほどにして，一気に書き下
ろしたのが本書です。いわば，ライブ的な色彩を持った「刑法概説」
といえるでしょう。

　これまで長年，刑法の講義を担当して，どうしたら分かってもらえ
るかということを考え実践してきましたが，かなり以前から，「本を
読む力」を付けさせるのが講義の役目だと思うようになりました。す
なわち，講義は，あくまでも学習の端緒であり，それを踏まえて，本
を読み，そして考えるという学生自身の能動的な作業を導くものだと
いうことです。したがって，講義後，学生が私の教科書に（赤・青・
黄色の）マーカーペンで線を引きまくり，「この文章はどういう意味
ですか。」という質問に来ると，思わず，その学生にその場で「Aプ
ラス」を確約してしまいそうになります。

　というわけで，本書は，あくまでも学習の端緒であり，その後の学
習への（栄光の）架け橋であることから，私の教科書である『刑法総
論』と『刑法各論』の参照ページを挿入したのもそのためです。もっ
とも，本書は，刑法総論と刑法各論をギュッと絞ったことから，試験
の直前に短時間で整理・確認するのに適したものとなっており，とく
に学部の学生諸君にとっては「一夜漬けでマスターできる刑法本」と
いえるかもしれませんし，司法試験受験生や予備試験受験生にとって

は，論点チェックに便利かもしれません。また，図を比較的多く掲載したのも，昨今の学生諸君のスマホ思考（ぱっと見思考）に「ぴったんこカン・カン」（旧「ぴったしカン・カン」）かもしれません。

本書の使い方としては，当該テーマにつき，第1段階では，本書で全体を把握し，第2段階では，教科書に移行して読み込むという順序となりますが，第2段階では，まず，教科書に掲載されている判例の事案を読み，考え，その後，判旨を読み，考え，次に，学説の諸相を読み，考え，そして，第1段階に戻る（バック・トゥ・ザ・本書）という作業を「もう1回，もう1回」と繰り返すことが必要でしょう。

本書の刊行については，校正段階でご協力いただいた国士舘大学法学部の岡部雅人教授，企画段階から出版に至るまでお世話いただいた信山社出版の柴田尚到氏にこの場を借りて感謝申し上げます。また，本書を，私の教科書とのコラボ的なものにすることに同意くださった成文堂の阿部成一社長にも感謝申し上げます。

本書の試みが成功しているか否かは，読者の皆様の評価にゆだねるしかありませんが，こうした方がいいとか，こうした方が面白いのではないかとのポジティブなご意見をお待ちしています。これからも，「刑法を楽しく学ぶための方法序説」を追求していきたいと思っていますが，「楽しくなければ大学ではない」「楽しくなければ人生ではない」のですから，読者のみなさんもそうなるよう大いに頑張ってください。

2019 年 11 月 25 日

高 橋 則 夫

目　次

【社会的法益に対する罪】

【国家的法益に対する罪】

凡　　例

・条文は，特に断わりがないときは，刑法を指す。

・本文中の〈総○○頁〉は高橋則夫『刑法総論』（成文堂，第 4 版，2018 年）を，〈各○○頁〉は同『刑法各論』（成文堂，第 3 版，2018 年）を指す。

総　　論

序　刑法が得意になるための方法序説

　みなさんこんにちは。刑法の中身に入る前に，法の学習における基礎的なお話をしたいと思います。いろいろありますが，とりあえず，3つの着眼点をお話しておきます。

1　方法序説

　第1に，方法ということです。何かを勉強する場合や考える場合，むやみやたらに行ってもカオス状態となります。もちろん，カオス状態も魅力があります。早稲田は，昔からカオスの大学といわれてきました。種々雑多な学生が集まり散じて，その中で揉まれることが人間形成にとってきわめて重要だと思います。しかし，学問となると，やはり方法というものが大事になります。

　デカルトは『方法序説』で4つの規則を述べました。すなわち，「第一は，わたしが明証的に真であると認めるのでなければ，どんなことも真として受け入れないことだった。言い換えれば，注意ぶかく速断と偏見を避けること，そして疑いをさしはさむ余地のまったくないほど明晰かつ判明に精神に現れるもの以外は，何もわたしの判断のなかに含めないこと。第二は，わたしが検討する難問の一つ一つを，できるだけ多くの，しかも問題をよりよく解くために必要なだけの小部分に分割すること。第三は，わたしの思考を順序にしたがって導くこと。そこでは，もっとも単純でもっとも認識しやすいものから始めて，少しずつ，階段を昇るようにして，もっとも複雑なものの認識にまで昇っていき，自然のままでは互いに前後の順序がつかないものの間にさえ

も順序を想定して進むこと。そして，最後は，すべての場合に，完全な枚挙と全体にわたる見直しをして，何も見落とさなかったと確信すること。」（谷川多佳子訳［岩波文庫］28 頁以下）がこれです。どうですか。この規則を身につけて，刑法に取りかかりましょう。なお，デカルトは，さらに 3 つの格率を述べており，これも感動的ですから，みなさん読んでおいてください。

2　法的三段論法

　第 2 に，「法的三段論法」というものです。すなわち，次のような推論方法です。

　　　大前提：要件　→　効果　＝　規範
　　　↓
　　　小前提：事実　＝　あてはめ
　　　↓
　　　結論

殺人罪（199 条）を例にすれば，
　　　大前提　＝　人を殺した者　→　死刑又は無期若しくは 5 年以上の懲役
　　　小前提　＝　甲は，殺意をもって，X を射殺した。
　　　結論　＝　甲の行為　→　殺人罪の構成要件に該当する

因果関係を例にすれば，
　　　大前提　＝　規範　→　因果関係とは何か　→　危険の現実化（判例）
　　　小前提　＝　高速道路進入事件〈総 140 頁〉
　　　　　　　　→　事実へのあてはめ
　　　結論　＝　傷害致死罪の成立

4

　これらは，私たちが日常生活で無意識に行っている推論ですが，それらを意識的に行うことが必要です。複雑な論理学を勉強することも楽しいですが，とりあえず，この単純な三段論法を身につけてください。授業においては，この中で，大前提である「規範」を学ぶわけです。規範というと堅苦しいですが，ルールのことです。ルールの勉強が法の学習の出発点です。これをおろそかにすると，まさに「方角（法学）」を間違えることになります（笑）。ルールの学習は，法解釈論の学習であり，それを前提にして，その他の勉強に進むべきでしょう。

3　体系的思考

　第3に，体系的思考です。学問は体系であるといっても過言でないでしょう。体系のないものを「学」ということはできません。その点，刑法学はこの体系的思考を身につけるのに格好の教材です。デカルトが述べたように，あるカオスの事象を順序立てて分析していくことが刑法学の真骨頂です。刑法では，これを「犯罪論体系」と呼んでいます。

　これは，次のようなものです。

　①事実 → ②行為の特定 → ③（何罪の）構成要件該当性（行為→ 構成要件該当性 →実行行為） → ④違法阻却 → ⑤責任阻却

　この中で重要なのは，③構成要件該当性，④違法性，⑤責任の3要素であり，刑法上，犯罪とは，「構成要件に該当する違法かつ有責な行為である。」と定義づけられています。朝起きたら，これを10回唱えてください（笑）。そうすれば，刑法は得意科目になります。

　それぞれの内容を概観すれば，次のようになります。

総　　論

③構成要件該当性

　・客観的構成要件要素

　　行為主体，行為客体，行為（作為・不作為），実行行為，結果，
　　因果関係

　・主観的構成要件要素

　　故意，過失

④違法阻却事由

　・正当防衛

　・緊急避難

　・正当行為

　・被害者の承諾

⑤責任阻却事由

　・責任無能力（心神喪失），限定責任能力（心神耗弱）

　・責任故意，責任過失

　・違法性の意識の可能性

　・期待可能性

　以上，方法序説，法的三段論法，体系的思考の３つを身体にしみ込
ませて，イッツ・ア・刑法ワールドへの旅をはじめましょう。

第1講　刑法ワールド

1　はじめに

　刑法は，犯罪と刑罰に関する法です。私は，学部の時から，この刑法だけが好きでした。というのも，1年時の「民法総則」の授業は，Ｎ村先生が担当で，どちらかというと労働法を専門とする先生で，また，公害裁判に関わっており，民法を習ったという記憶がありません。しかも，学費値上げ闘争で秋学期から全学ストになり，民法総則の「物」で終わってしまい，法律行為にまでいきませんでした。だから，民法は「もの」にならなかったのかもしれません（笑）。2年の時に，のちに指導教授となる西原春夫先生の刑法総論の講義に出て，これはいけると思いました。なぜなら，まず，言語的によく分かるということと，刑法学が生身の犯罪者を扱う科目であり，人間とは何かを考えさせられたからです。高校時代は，雑誌部という得体の知れない部に入り，太宰治だ大江健三郎だ，サルトルだカミュだなどと生意気な高校生であり，人間とは何かということには多大な関心があった関係かもしれません。

　学生諸君も，法学部に入り，ちょっと失敗したかなと思っている人は，刑法が最後の砦なので，頑張って下さい。民法や商法などが好きだという学生諸君には頭が下がりますし，えらいと思います。私にとって，民訴などまさに「眠素」でした（笑）。

　まず，教科書は，私の『刑法総論』（第4版）と『刑法各論』（第3版）を使用し，今配布した「講義計画」に従って進めていきますので，各自しっかり読んでおいて下さい。勉強とは，「本を読み，そして考

えることを繰り返すこと」であり，授業に出て「なるほど・ザ・ワールド」と感心するだけでは駄目です（笑）。だから，教科書に多くのマーカーを引き，使い倒すことが必要です。そして，もう1冊保存用に家に置いておき，各自が2冊買えば，こちらの印税も2倍になるという因果関係になっています（笑）。

　それから，六法を必ず持ってきて下さいね。「ポケットに入らないポケット六法」（笑）でも，「毎日使わなくてもデイリー六法」（笑）でも，判例が掲載されている「判例六法」でもかまいません。六法を携帯しているか否かが，法学部の学生とその他の学部の学生とが，外観上区別されるわけです。

2　刑法という規範

　それでは，刑法という規範についてお話ししますと，法規範というものが，「行為のルール」とそれに違反した場合に発動される「制裁のルール」という対になっていることに対応して，「行為規範と制裁規範の結合」と捉えることができます。たとえば，殺人罪（199条）の行為規範は，「人を殺すな」という禁止規範です。殺人者はこの行為規範に違反し，その結果，「死刑又は無期若しくは5年以上の懲役に処する」という制裁規範が発動されることになるわけです〈総7頁以下〉。

　行為規範の目的は，法益保護にあります。たとえば，殺人罪において，「人を殺すな」という規範は，「人の生命」という法益を保護するために設定したわけであり，社会倫理秩序を維持するためではありません。この場合の法益保護は，事前の保護であることに注意して下さい。つまり，殺人罪を犯した被告人に刑罰を科しても，死亡した被害者が生き返るわけではありません。事後的に法益を保護するのではなく，事前に一般人に対して法益保護をしようとするものであり，いわ

ば「予防的な法益保護」といえるでしょう。

　制裁規範の目的は，刑罰目的と同義ですが，刑罰の目的は何かという問題は永遠の課題です。まず，カントの「目には目を，歯には歯を」という同害報復であると解する応報刑論があります。もっとも，因果応報を貫徹すると応報刑論には何の目的もないことになりますが，ヘーゲルの「法の否定の否定」というのであれば，目的を持つことになるでしょう。応報刑論の意義は，「与えた害に応じた害しか与えられない。」という限定があるという点にあります。「倍返しはダメ」というわけです（笑）。応報の内容は不明確でありますが，犯罪に相応する刑罰という均衡性，比例性というものを盛り込めます。次に，予防刑論があります。そのうち，特別予防論は，刑罰の目的を「行為者の改善・教育」に求めます。刑事施設における受刑者の処遇などは，このような目的で行われています。これに対して，一般予防論は，潜在的加害者に対する威嚇・抑止に刑罰の目的を求めます。

　これらの刑罰論のどれか一つを貫徹することはできないわけで，それらを統合するのが一般的な考え方ですが（結合説），応報を頭打ちにして，予防的考慮は刑を減軽するという形で考慮するというのが妥当でしょう。私は，刑罰の目的を「被害者・加害者・コミュニティの再生」という意味での「法的平和の回復」に求めますが，結合説の一つのバリエーションといえるでしょう〈総12頁以下〉。いずれにせよ，刑法は，以上のような「行為規範と制裁規範の結合」と解することができます。

3　罪刑法定主義

　罪刑法定主義は，文字通り，「犯罪と刑罰は法律によって定められていなければならない。」という原理です〈総30頁以下〉。まさに，「法律なければ犯罪なし，法律なければ刑罰なし」ということであり，諸

君にとっては，「勉強なければ単位なし，出席なければ単位なし」ということですね。この罪刑法定主義は，現在では，「当たり前田のクラッカー」でしょうが（笑），近代以前は，罪刑専断主義であったことを忘れてはいけません。

　罪刑法定主義については，刑法典にその規定はありませんが，憲法31条の適正手続条項において，犯罪と刑罰の関係を規定した実体刑法も含まれると解されています。

　罪刑法定主義の根拠は，民主主義の原理と自由主義の原理です。前者は，三権分立の思想，議会制民主主義の思想であり，後者は，事前に何が禁止されるかを国民に予告することによって，国民が予測可能性をもつことができるという自由保障機能のための原理です。とくに，後者の自由主義の原理が重要であり，これがなければ，われわれは自由に行動できないわけです。不意打ちは許されないのであり，「アッと驚く為五郎」は許されないわけです（笑）。罪刑法定主義の内容としては，法律主義（犯罪と刑罰は，原則として，国会で法律の形式で制定された狭義の法律によって定められていなければならない。例外＝政令，規則，条例），事後法の禁止（遡及処罰の禁止），類推解釈の禁止，罪刑の明確性，実体的デュープロセスなどがあります。

　類推解釈とは，法律に規定のない事項につき，これと類似の性質を有する事項に関する他の法律を適用することをいいます。これは，先ほどの自由主義の原理に反することは明らかでしょう。もっとも，法律の解釈は，条文に規定された語句を出発として，その語句の意味内容を確定する作業であり，規定の文理から広がることは不可避です。これを拡張解釈といい，この解釈は許されています。それでは，禁止される類推解釈と許容される拡張解釈との違いはどこにあるのでしょうか。どちらも条文の語句を広げている点では同じですが，拡張解釈は，条文から出発し，それを解釈し，それを事実にあてはめるという

思考方法をとるのに対して，類推解釈は，事実から出発し，類似した条文を探し出すという思考方法をとっており，そこには，「解釈」が放棄されているわけです。したがって，類推「解釈」ではなく，類推「適用」という名称が相応しいのです（図1-1）。

図1-1

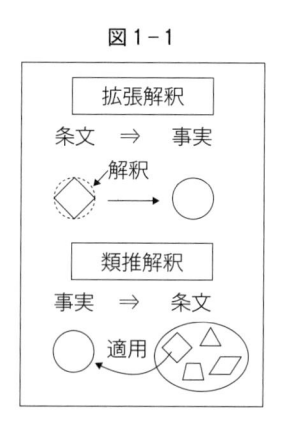

　判例として，電気窃盗事件，ガソリンカー転覆事件，マガモ捕獲事件などがありますので〈総37頁以下〉，これらの具体的事案について，類推「適用」なのか，拡張解釈なのかを検討する必要があります。

第2講 犯罪論の体系

1 違法と責任

　一定の行為を犯罪と評価する際には，恣意的な判断を回避するために，順番に段階的に判断される体系というものが不可欠となります。これが「犯罪論体系」であり，これが，裁判官その他の法実務家の判断をコントロールし，判断のガイドラインを提供するわけです〈総61頁以下〉。この体系を構築するためには，犯罪をいくつかの概念要素に分けて，それらを体系的に整序する作業が必要となります。犯罪の本質は，前述のように，第1に，行為が（刑法上の）行為規範に違反することが出発点であり，それによって，その行為は「違法」となります。これは，「すべきであったのにしなかった」という当為 (Sollen) に関する無価値判断です。第2に，その行為に従って行為できたか否かが問われます。これは，「し得たのにしなかった」という可能 (Können) に関する無価値判断であり，これによって，行為者自身に対して非難すなわち「責任」を問うことができるのです。日常の事柄を例に出せば，たとえば，宿題を課されたにもかかわらず，宿題をやってこなかった生徒は，宿題をすべきという行為規範に違反し，違法ですが，たとえば，前日，風邪で発熱して宿題ができなかった場合には，彼を非難できず，責任がないから，先生は叱ってはならないわけです。チコちゃんにも叱られないでしょう（笑）。

2 構成要件該当性

　もっとも，違法な行為がすべて犯罪となるわけではなく，そのよう

な行為に刑罰を科すことが必要かつ相当である場合に限定されなければなりません。つまり，可罰的な行為かどうかが吟味されなければならず，これは，前述の罪刑法定主義の要請です。この可罰性によって形づけられた型を「構成要件」といい，この「構成要件」に当てはまるか否かの判断が「構成要件該当性」の判断です。構成要件は条文を解釈して得られた観念像です（図2-1）。

図2-1

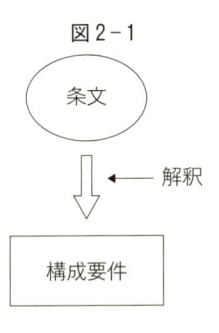

たとえば，甲が，殺意をもって，Xに対してピストルの銃口を向け，そして，発砲した結果，Xが死亡した場合，甲の行為は，客観的に，生命に対する危険性を有するものであり（①），主観的に，殺害の認識があることから（②），殺人罪の構成要件に該当する行為であると判断されます。そして，この行為によって（③），死亡結果（④）が発生したという事案ということになります。①を「実行行為」，②を「故意」，③を「因果関係」，④を「結果」といいます。このように，構成要件要素には，客観的構成要件要素として，実行行為，結果，因果関係などがあり，主観的構成要件要素には，故意や過失などがあります。これらの要素に該当すれば，一定の犯罪の構成要件該当性が肯定されるわけです。構成要件に該当すれば，原則として犯罪が成立するのですが，例外的に，犯罪ではなくなる場合があります。たとえば，正当防衛の場合がそれです。また，たとえば，重度な薬物中毒により，

自己の行為が良いか悪いかわからず，行為を押しとどめることができなかったというような責任無能力の場合がそれです。

　以上，犯罪の成立要件は，構成要件該当性，違法性，責任であり，犯罪論上は，構成要件該当性→違法阻却→責任阻却という判断順序となります（図2-2）。

図2-2

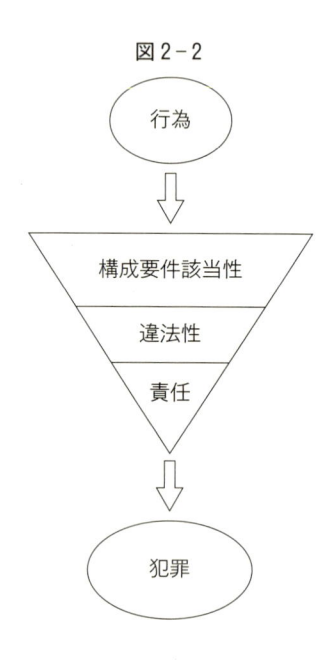

第 3 講　因果関係

1　序　説

　因果関係は，行為と結果の間にある「原因－結果」の関係をいいます〈総 117 頁〉。学生の答案の中で時々「困果関係」との記載を見ますが，そんなに困らなくても大丈夫です（笑）。多くは，実行行為と結果との因果関係が問題となります。たとえば，殺人罪の場合，殺人の実行行為と死亡との間に因果関係が肯定されれば，殺人既遂罪となり，因果関係が否定されれば，殺人未遂罪となります。傷害致死罪の場合，暴行・傷害の実行行為と死亡との間に因果関係が肯定されれば，傷害致死罪となり，因果関係が否定されれば，傷害罪あるいは暴行罪（あるいは犯罪不成立）となります。過失致死罪の場合，過失の実行行為と死亡との因果関係が肯定されれば，過失致死罪となり，因果関係が否定されれば，犯罪不成立（あるいは過失致傷罪）となります。

2　因果関係の判断基準

　現在，判例によれば，因果関係は，「危険の現実化」という基準によって判断されていますが，この点はあとで話します。

　学説上，従来の通説によれば，因果関係の判断は，第 1 段階で，事実的判断としての「条件関係」，第 2 段階で，法的判断としての「相当因果関係」という順序で行われていました。条件関係は，「A なければ B なし」という仮定的消去法による判断によって行われています。この条件関係をめぐる諸問題もありますが，実際の事件で条件関係が否定される場合はほとんどないでしょう。相当因果関係は，条件

関係が肯定された後，そのような行為からそのような結果が発生することが相当か否かを判断するわけです。この判断のためには，判断資料（判断基底）として何を盛り込むかによって帰結が異なることになります。たとえば，夜中に通りすがりの人と肩が当たったのでカッとなって殴ったところ，相手が死亡したという事案で，相手の人が重度の心臓病であったという事情を判断資料に盛り込めば，重度の心臓病の人を殴れば死ぬのが相当かという判断となり，これは肯定され，相当因果関係は肯定されることになるでしょう。この判断資料をめぐって，客観説と折衷説の対立がありました。客観説は，裁判時に立って，行為時におけるすべての事情および行為後における事情のうち経験上予見可能な事情を判断資料に盛り込む見解であり，これによれば，先の事案では，暴行と死亡の間には相当因果関係が認められることになるでしょう。これに対して，折衷説は，行為時において，一般人が認識し得た事情および一般人は認識し得なかったが，行為者がとくに認識していた事情を判断資料に盛り込む見解であり，これによれば，先の事案では，被害者の重度の心臓病を一般人は認識し得ず，行為者も知らなかったとすれば，暴行と死亡との間には相当因果関係は認められないことになるでしょう。

　しかし，このような相当因果関係説は，行為時から介在事情を絞るという事前判断であって，それは，実際に生じた介在事情を捨象した判断になってしまうこと，それは行為後の介在事情を判断する場合に，困難な判断となること，さらに，相当因果関係説の判断構造に疑問を投げかける判例も続出していることなどから，通説の座から陥落しました。すなわち，大阪南港事件〈総131頁〉や夜間潜水訓練事件〈総132頁〉などにおいて，介在事情の異常性の有無を問題として，判断資料を限定する相当因果関係説への疑問が提起されました。

3　危険の現実化

　そこで，現在では，判例も通説も，実行行為によって創出された危険が結果へと現実化したかという判断枠組を採用しています。

　ただ，「危険の現実化」は結論であり，どういう場合にそれが認められるかについては，下位基準が必要です。一応，これまでの判例の集積によって，次の3類型があるといえるでしょう（図3-1）。

図3-1　危険の現実化

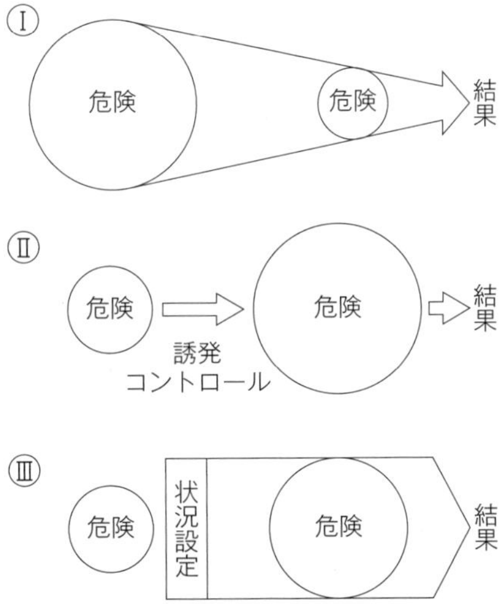

　第1類型は，介在事情が行為の危険性を上回るものでない場合には，行為による危険が実現したと評価できる場合です。たとえば，大阪南港事件などがこの場合でしょう（図3-2）。

図 3 - 2　大阪南港事件

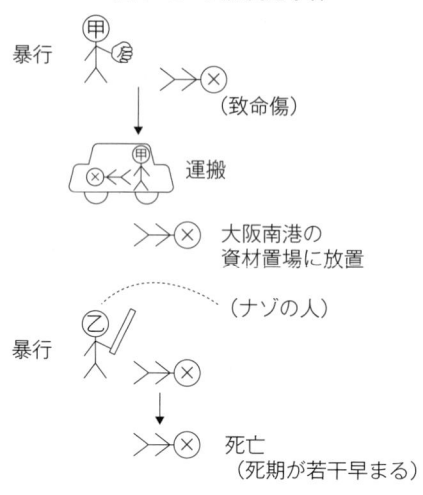

第 2 類型は，介在事情が行為の危険を上回り，結果発生の新たな危険を生じさせた場合でも，行為によって誘発されたなどの行為のコントロール下にある場合には，行為による危険が実現したと評価できます。たとえば，高速道路進入事件〈総 140 頁〉などがこの場合でしょう（図 3 - 3 ）。

図3-3　高速道路進入事件

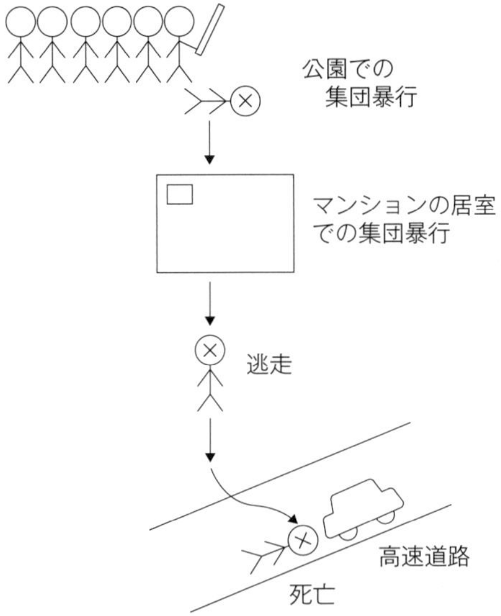

これに対して，介在事情が行為の危険を上回り，結果発生の新たな危険を生じさせ，さらに，それが行為と独立したものである場合には，原則として行為による危険が実現したと評価できないでしょう。

最後に，第3類型として，当初の行為により危険状況が設定され，その危険状況の実現と評価できる場合には，危険の現実化が認められるでしょう。たとえば，トランク監禁致死事件〈総145頁〉などがこの場合でしょう（図3-4）。

図 3-4　トランク監禁致死事件

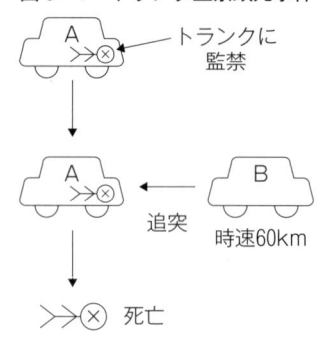

第4講　不作為犯

1　序　説

　一定の行為が○○罪の構成要件に該当した場合，その行為は，○○罪の実行行為となります。実行行為概念については，とりあえず「法益への危険な行為」として理解しておけばいいでしょう。ここでは，不作為犯というものを取り上げます〈総153頁以下〉。

　不作為犯とは，不作為によって犯される犯罪をいいますが，それでは，不作為とは何でしょうか。刑法上の行為は，作為と不作為に分かれます（図4-1）。この場合，作為は運動で，不作為犯は静止ということではありません。一定の身体運動を基準として，それに合致する態度が作為であり，それに合致しない態度が不作為です。たとえば，「講義に出席する」という身体運動を基準にした場合，講義に出席している学生は，居眠りをして微動だにしないとしても，それは作為となり，雀荘でマージャンをしている学生は不作為を遂行していることになります。

図4-1

2　不作為犯と規範

　このような不作為によって遂行される不作為犯は，たとえば，保護責任者不保護罪のように「保護せよ」という命令規範に違反する場合に，「保護しない」という不作為で遂行されます。このような犯罪を

「真正不作為犯」といいます。これに対して，殺人罪は「人を殺すな」という禁止規範であり，多くは，ナイフで胸を刺すなどという作為で行われますが，母親が（殺意をもって）わが子に授乳しないなどの不作為によっても行うことができます。このように，不作為によって禁止規範に違反する場合を「不真正不作為犯」といいます（図4-2）。

図4-2

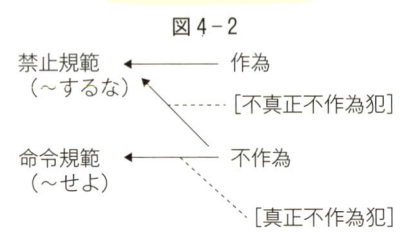

3　不作為の因果関係

不作為犯については，まず，結果との因果関係が問題となります。以前は，不作為は無であり，「無から有は生じない」とされたわけです。大学も昔の成績評価は「優良可不可」でしたので，勉強しなければ，「無から優は生じない」というようなギャグも言えたのですが（笑），今は「ABCD」であり，まったく面白くありませんね。

それはともかく，現在では，不作為は「何もしないこと」ではなく，「何か」をしないこと，すなわち，「一定の期待された作為をしないこと」であるとされています。そして，「作為があれば結果発生なし」という関係と「義務違反と結果発生との間に危険の現実化」があれば，因果関係は肯定されます。判例として，覚せい剤少女放置事件〈総155頁〉がありますので，検討が必要です。

4　保障人的地位

不作為と結果との間に因果関係が肯定されたとしても，それだけでは，行為主体を特定することはできません。たとえば，子どもにミル

クを与えることができる人全員が行為主体になってしまうわけです。すなわち，不作為犯においては，期待された作為を行う義務を負う者だけが行為主体となります。不作為犯の行為主体は，一定の地位を有する者でなければならず，この地位を「保障人（作為義務者）」といいます。それでは，作為義務は，どこから生じるのでしょうか。まず，形式的な根拠として，法令，契約，一般規範が挙げられます。たとえば，法令としては，民法 820 条の親権者の監護義務に基づいて，母親は子に授乳すべき義務などを負います。次に，実質的な根拠として，法益保護を事実上引受けた点とか，結果に至る因果経過を具体的・現実的に支配した点などが挙げられます。法益保護の視点からは，行為者に法益を保護すべき義務（法益保護義務）があるか否か，行為者が法益侵害の危険源を管理する義務（危険源管理義務）の 2 つの義務が問題となるでしょう。シャクティ治療殺人事件〈総 163 頁〉において，「被告人は，自己の責めに帰すべき事由により患者の生命に具体的な危険を生じさせた上，患者が運び込まれたホテルにおいて，被告人を信奉する患者の親族から，重篤な患者に対する手当てを全面的にゆだねられた立場にあったものと認められる。」として作為義務が肯定されました（図 4-3）。

図 4-3　シャクティ治療殺人事件

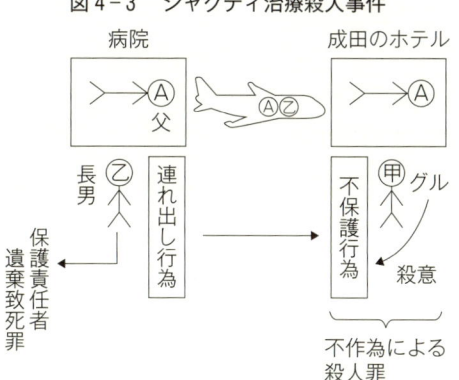

5　作為可能性

このような作為義務に違反したといえるためには，その前提要件として「作為可能性」が必要です。たとえば，偶然，わが子が溺れている湖にその父親が通りかかったところそこは他に人っ子一人いない場所であり，死んでもかまわないと思って去って行ったが，この父親は泳げなかったという場合，作為可能性がないので，作為義務違反は否定されることになるでしょう。注意すべきは，作為可能性は，一定の作為が期待される時点での判断であり，事前判断であるのに対して，たとえば，先の事例で，泳げる父親であったが，仮に救助したとしても，子どもは即死状態で助からなかったという場合は，（事後的な）結果回避可能性が問題となります。これは，「義務違反と結果の因果関係」（客観的帰属）の問題であり，これが否定されます。

6　不真正不作為犯の構成要件該当性の判断順序

結局，不真正不作為犯の構成要件該当性判断は，①不作為の特定，②期待される作為の特定，③保障人的地位・作為義務が存するか否か，④当該事案で作為可能性があるか否か，⑤義務遠反はいかなる法益に関連するか，その危険はどの程度か，⑥主観的要素，たとえば，故意はあるか，⑦法益の侵害あるいは危険が発生したか，⑧因果関係はあるか（事後的結果回避可能性），という順で行われ，①②③④⑤があれば，客観面としての実行行為性が肯定され，⑥があれば，主観面を付加した実行行為性が肯定され，⑦の危険発生の段階で未遂犯の成立可能性が肯定され，実害発生の段階で既遂犯の成立可能性が肯定され，⑧によって，因果関係の判断が行われることになります（図4‐4）。

図4-4　シャクティ治療殺人事件への応用

① 不保護

② 保護する

③ 先行行為＋排他的支配
　　　‖　　　　　‖
　　危険源　　法益保護
　　　‖　　　　　‖
　　条理　　　契約

④ 肯定

⑤ 生命への危険あり

⑥ 殺意あり

⑦ 死亡

⑧ 因果関係あり

第 5 講　故　　意

1　序　説

　かつて「秋の夜をひたすら学ぶ六法に恋といふ字は見出でざりけり」という歌がありましたが，現在では，ストーカー規制法 2 条 1 項に「恋愛感情」と規定されており，恋という字は存在します。恋が難しいように，故意も難しい問題が多いです（笑）。

　それはともかく，客観的構成要件要素が揃った後，主観的構成要件要素として，故意あるいは過失の存否が問題となります。38 条 1 項は，故意犯原則，過失犯例外を明らかにしています〈総 171 頁〉。

　故意は犯罪事実の認識が完成している場合であり，過失は犯罪事実の認識が完成していない場合です（図 5 - 1 ）。

図 5 - 1

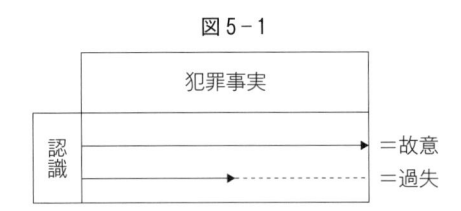

2　意味の認識

　故意は（ここでは構成要件的故意のことです），「構成要件に該当する事実」の「認識」です。この「事実」についてどの程度まで認識する必要があるかが問題となります。たとえば，わいせつ物頒布罪における「わいせつ」の故意が認められるためには，「わいせつ」と平行す

る社会的評価である「いやらしい」ことを認識していれば足り，法的評価である「わいせつ」であることの認識は，「違法性の意識」の問題とされています。前者のレベルの認識を「意味の認識」といいます。たとえば，狩猟禁止の「たぬき」を「むじな」と認識して捕獲した「たぬき・むじな事件」では故意が否定され，同じく狩猟禁止の「むささび」を「もま」と認識して捕獲した「むささび・もま事件」では故意が肯定されたのは，前者の「たぬき」の意味の認識に「むじな」は包含されず，後者の「むささび」の意味の認識に「もま」は包含されたからと解することができます〈総176頁以下〉。

　「犯罪事実の認識」として，以上の「意味の認識」があれば十分か，さらに「犯罪事実の意欲」が必要なのかについて争いがあります。判例の立場は，必ずしも明らかではないですが，一般に，犯罪事実の「認識」と「認容」を要求しています。この「認容」の有無によって，「未必の故意（犯罪事実の認識が不確定である不確定的故意のうち，結果の発生そのものが不確定な場合）」と「認識ある過失（いったんは結果の発生を予見しながら，後に不注意によりこれを打ち消した場合）」の区別ができるわけです。

3　実現意思

　故意の認識的要素と意思的要素との相関関係を，構成要件的故意のレベルで考慮することが必要であり，結果の発生に向けて行為を操縦していく実現意思が存在する場合に故意を肯定する「実現意思説」が妥当でしょう。実現意思とは，結果の発生に向けて因果経過を予見し，意図した結果を実現し，意図しない付随的結果を回避するために適切な手段を施して行為をコントロールする意思です。実現意思の下位基準としては，①認識事実の実現可能性の程度，②計画を実現する意思の存否と程度，③結果を計算にいれる意思の存否と程度，④結果の回

避意思の存否と程度，⑤結果回避措置の存在と程度などが考えられます。

　故意の種類として，択一的故意（並んで立っているAとB2人のうちどちらか1人に命中させることを意図して，これに発砲するような場合），概括的故意（テロリストが人混みの多い場所に時限爆弾を仕掛け，それが爆発して多くの人が負傷し，死亡したような場合），そして，先に挙げた，未必の故意（人を傷つけるかもしれないが，かまわない，仕方ないと考えながら，人の雑踏する小路を自動車で疾走するような場合）などがあります〈総187頁〉。

4　早すぎた構成要件の実現

　故意の問題として，2つの興味深い論点があります。これが，「早すぎた構成要件の実現」と「遅すぎた構成要件の実現」です〈総184頁，189頁〉。

　ところで，以前，他学部の兼担で授業の開始時間を間違えて，事務所から研究室に電話があり，「アッと驚く為五郎」ということで，急いで教室に向かい，冒頭，「これが遅すぎた講義の実現です」と言ったら，シーンと教室が凍り付きました。刑法総論の初回でしたので，これは当然ですね。それから，オムニバス講義の6限の終了時間を間違えて，早く講義を終了してしまったことがあります。学生諸君にとってはうれしいことだったかもしれませんが，これが「早すぎた講義の実現」ですね。

　この2つの問題は，故意以外の論点も含まれており，別のところでも取り上げますが，ここでは，故意との関連をお話しします。

　まず，「早すぎた構成要件の実現」とは，行為者の計画として，第1行為と第2行為を予定し，第2行為で結果発生を意図していたところ，第1行為の段階で結果が発生してしまった場合をいいます。たと

えば，ピストルで殺害しようと決意し，被害者を前にして，ピストル
を弄んでいたら暴発し被害者に命中し死亡した場合，予備の故意で既
遂結果が発生したのであり，38 条 2 項によって，殺人予備罪と重過
失致死罪の併合罪となります。殺人の実行行為がなければ，殺人既遂
罪にはならないわけです。いわゆる「クロロホルム殺人事件」〈総 185
頁〉では，未遂段階における「早すぎた構成要件の実現」が問題とな
りました。クロロホルムを吸引させて失神させた後，海中に転落させ
て溺死させる計画であったが，クロロホルム吸引で死亡した可能性が
高かったという事案について，最高裁は，第 1 行為と第 2 行為との連
関を問題にして，殺人既遂罪を肯定しました（図 5-2）。しかし，私
は，未遂の故意で既遂となった錯誤の事案と捉え，38 条 2 項で殺人
未遂罪にとどまり，死亡結果については重過失致死罪で，両者は観念
的競合になると解しています。

図 5-2　早すぎた構成要件の実現（クロロ
　　　　ホルム殺人事件）

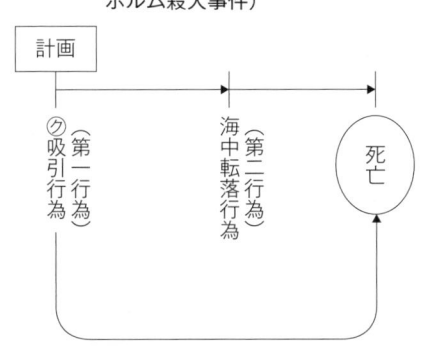

5　遅すぎた構成要件の実現

　次に，「遅すぎた構成要件の実現」とは，行為者が第 1 行為で結果
を実現したと思い，第 2 行為をしたところ，その第 2 行為ではじめて

その結果が実現された場合をいいます。たとえば，いわゆる「砂末吸引事件」〈総189頁〉では，殺害の意図で被害者の首を閉めたところ，被害者が動かなくなったので死亡したと思い，海岸の砂上に放置したところ，被害者が砂末を吸引して死亡した事案について，大審院は，因果関係は遮断されないとして，殺人既遂罪の成立を認めました（図5-3）。この問題は，「ウェーバーの概括的故意」と称されるもので，第1行為と第2行為を概括する一般的故意があれば故意の既遂犯を肯定できるという考え方です。私は，第2行為（過失行為）による結果発生を第1行為（故意行為）の既遂故意に包含できるか否かによって解決されるべきであると解しています。つまり，当初から第2行為を予定している場合には，殺人既遂罪となり，そうでない場合には，殺人未遂罪と重過失致死罪の併合罪となります。

図5-3　遅すぎた構成要件の実現

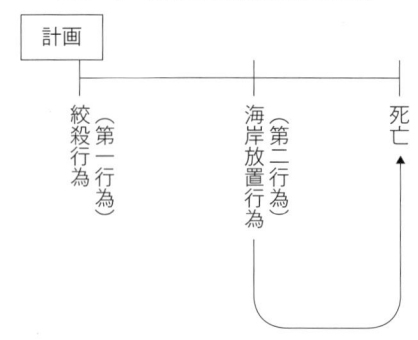

第6講 錯　　誤

1　序　説

　「人生は錯誤の連続である」とは名言ですね。つまり，主観と客観との食い違いです。この場合，事実の食い違いと評価の違いとがあります。行為者が認識した犯罪事実と現に発生した客観的な犯罪事実とが一致しない場合を「事実の錯誤」といいます。これに対して，事実の認識に欠けるところはないが，自己の行為が違法であるのに違法でないと誤信する場合を「違法性の錯誤」といいます。事実の錯誤は，構成要件的錯誤においては（これとは別に，誤想防衛のように正当化事情の錯誤があります），構成要件的故意が阻却されるか否かが問題となります〈総192頁以下〉。

　構成要件的錯誤には，構成要件の範囲による分類として，具体的事実の錯誤（同一構成要件内の錯誤）と抽象的事実の錯誤（異なる構成要件間の錯誤）とがあり，構成要件要素による分類として，客体の錯誤（Aを殺害したつもりであったが実はそれはBであった場合），方法の錯誤（Aを射殺しようとして発射した弾丸が意外のBに命中してBが死亡した場合），因果関係の錯誤（Aを溺死させようとして，橋の上からAを突き落としたが，Aは橋脚に当たって死亡した場合）があります。

2　方法の錯誤

　とくに問題となるのは，具体的事実の錯誤における方法の錯誤です。先の事例で，判例・通説は，Aに対して殺人未遂罪を肯定し，Bに対して殺人既遂罪を肯定します。すなわち，行為者の認識した事実と現

に発生した事実とが法定的（構成要件的）に一致（符合）する限り，故意は阻却されないとするわけです。この考え方を「法定的符合説」あるいは「数故意犯説」といいます。たとえば，殺人罪の行為規範は，「およそ人を殺すな」であり，同一構成要件においては，この規範違反の認識と規範違反の事実の発生とがあることから，故意犯の成立が認められることになります。これに対して，具体的符合説は，故意は一定の客体に対する方向性があり，故意の実行行為はその客体に向けられているのだから，先の事例では，Aに対する殺人未遂罪のほか，Bに対しては過失犯しか成立しないとして重過失致死罪を肯定します。法定的符合説に対しては，1個の故意しかないのに，数個の故意犯を成立させることは責任主義に反するという批判がなされています。これに対しては，この場合，観念的競合として科刑上一罪となるので責任主義違反とはならないと反論できるでしょう（図6-1）。

図6-1　方法の錯誤

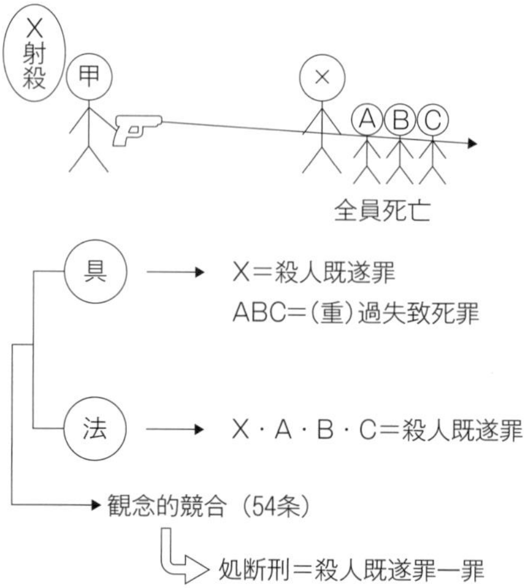

X射殺

甲

×　ＡＢＣ

全員死亡

具　→　X＝殺人既遂罪
　　　　ABC＝（重）過失致死罪

法　→　X・A・B・C＝殺人既遂罪

→ 観念的競合（54条）

↳ 処断刑＝殺人既遂罪一罪

3 抽象的事実の錯誤

抽象的事実の錯誤については，38条2項は，軽いA罪を犯す意思で重いB罪の結果を実現した場合のみを規定しています。この場合の処理として，B罪の成立が認められないことは，「当たり前田のクラッカー」です（笑）。つまり，故意の認識対象は，一定の構成要件に該当する事実であり，異なる構成要件間の錯誤の場合には，原則としてその結果に対して故意を認めることはできません（図6-2）。もっとも，構成要件には法益や行為の点で同質のものがあり，その重なり合いが認められます〈総203頁〉。たとえば，窃盗罪と強盗罪とは，窃盗罪の限度で構成要件の重なり合いが認められます。「条文は目に見えるが，構成要件は目に見えない」というのは，条文は異なっていても，それを解釈して形成される構成要件には同質のものがあるわけです。まさに，「大切なものは目に見えない」（星の王子さま）わけです（笑）。この場合，「重なり合う」限度で故意が肯定されます（図6-3）。

図6-2 抽象的事実の錯誤

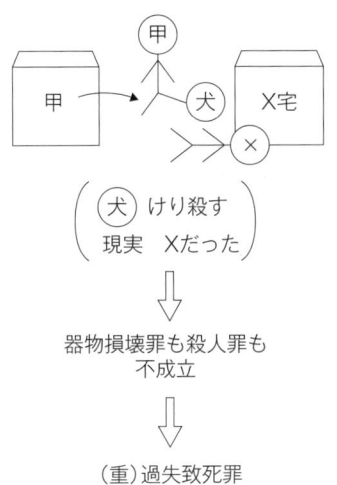

33

　問題はさらに，A 構成要件と B 構成要件との間に，どの程度符合(重なり合い）を認めるべきかという点です。通説は，構成要件の重なり合いの基準として，法益の共通性と行為の共通性を考慮しています(ソフトな構成要件的符合説)。たとえば，殺人と同意殺人，殺人と傷害，窃盗と占有離脱物横領，同意殺人と自殺幇助，1 項詐欺と 2 項詐欺，有形偽造と無形偽造，麻薬所持と覚せい剤所持などが構成要件的に重なり合います。判例も，基本的にソフトな構成要件的符合説に立脚しているといえるでしょう。

図 6 - 3

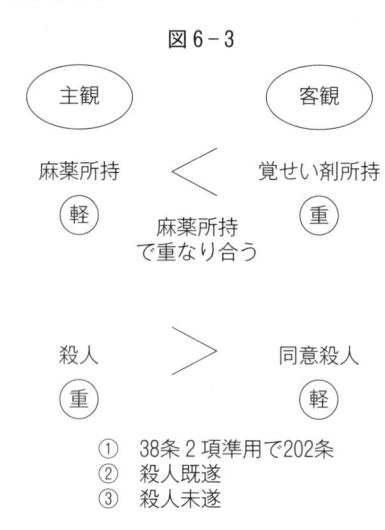

　今回で，故意は終わりです。まさに，「ラヴ・イズ・オーヴァー」というわけですね（笑）。

第7講　過　失

1　序　説

　前に「人生は錯誤」と言いましたが，事実の錯誤の場合，故意は阻却され，過失がある場合には，過失犯が成立します〈総212頁以下〉。そこで，「人生は過失犯」ともいえるでしょう。「諸君は必ず失敗する」とは，大隈候の名言です。昔，早稲田の卒業アルバムを開いたら，この言葉が記載されていて，何いってるのという感じでしたが，その後，歳をとるにつれて，この言葉が「なるほど・ザ・ワールド」となってきています。諸君も大人になれば分かります（笑）。

2　過失犯の構造

　過失とは，不注意であり，不注意とは注意義務に違反することです。問題は，この注意義務違反の内容ですが，まず，結果が発生することを予見できたかが前提となり，予見できるならば，予見しなければならず，次に，結果の発生を回避できたかが前提となり，回避できるならば，回避しなければならないという義務がこれです。すなわち，注意義務の内容は，結果予見義務と結果回避義務から構成されます。しかし，このどちらを中核とするかという問題が「過失犯の構造」の問題です（図7-1）。この問題については，結果予見義務を中核とするのが旧過失論，結果回避義務を中核とするのが新過失論です。私は，新過失論の立場から，注意義務の内容については，結果の予見可能性と結果回避義務違反から構成されると解します〈総216頁〉。

図7-1　過失犯の構造

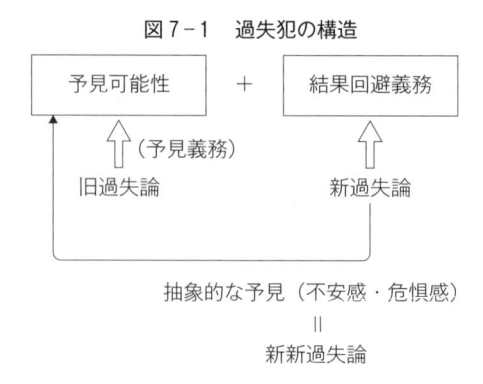

抽象的な予見（不安感・危惧感）
＝
新新過失論

3　予見可能性

　まず，結果の予見可能性ですが，これにつき，判例・通説は，具体的結果の予見可能性として，「結果の発生に至る因果関係の基本的部分」についての予見可能性が必要と解しています。これは，故意犯の行為規範と過失犯の行為規範をパラレルに捉えるものですが，故意犯の場合，たとえば殺人罪では「人を殺すな」という行為規範が妥当しますが，過失犯の場合，このような行為規範は妥当せず，たとえば過失致死罪では「人を死に至らす危険状況において，それを回避するよう注意して行為を行えあるいは行うな」という行為規範が妥当します。したがって，過失犯の場合，構成要件的結果それ自体は行為を方向づける行為規範となりません。したがって，構成要件的結果については，具体的予見可能性は必要ではなく，そもそもそれを求めることは不可能であり，一般人の危惧感で足りることになります。つまり，抽象的な予見可能性で足ります（新新過失論）（図7-2）。もっとも，私は，実行行為については，行為者の認識（可能性）あるいは（行為者を含む）一般人の認識可能性が必要と解します。若干難しくなりましたが，荷台無断同乗事件や渋谷温泉施設爆発事件などで検討する必要があり

ます〈総223頁以下〉。

図7-2　予見可能性

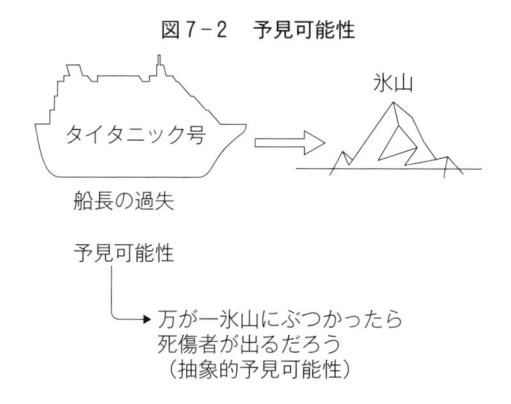

4　結果回避義務

　次に，結果回避義務についてですが，その前提として，結果回避可能性があることが必要です。結果回避可能性には，事前的なものと事後的なものとがあります。事後的な結果回避可能性は，仮に義務を履行していたら結果は回避できたかという判断であり，これは，義務違反と結果発生との因果関係の問題です。事前的な結果回避可能性が過失犯の注意義務の内容となり，これは，結果回避措置がとれたか否かという結果回避措置の履行可能性です（図7-3）。

図 7 - 3

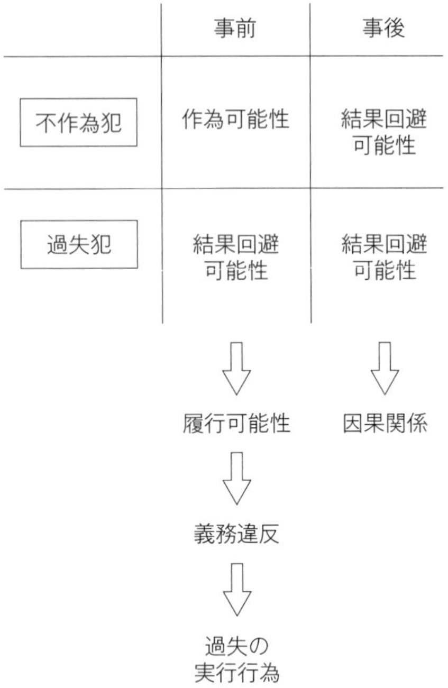

	事前	事後
不作為犯	作為可能性	結果回避 可能性
過失犯	結果回避 可能性	結果回避 可能性

⇩ 履行可能性　　⇩ 因果関係

⇩ 義務違反

⇩ 過失の
実行行為

　以上のような，予見可能性と結果回避義務違反があれば，過失犯の成立が認められます。しかし，過失犯の成立をバサッと否定する「信頼の原則」というものがあります〈総232頁〉。信頼の原則とは，「行為者がある行為をなすにあたって，被害者あるいは第三者が適切な行動をすることを信頼するのが相当な場合には，たとい被害者あるいは第三者の不適切な行動によって結果が発生したとしても，それに対して責任を負わない」として，過失犯の成立を否定する原則をいいます。この場合，信頼の相当性など客観的な要素が問題となっていることから，信頼の原則は結果回避義務違反を否定する法理と解するべきでしょう。

5　監督過失，過失の競合

　また，過失の一つの形態として，監督過失というものがあります〈総240頁〉。たとえば，工事災害，食品・薬品事故，医療事故，大規模火災事故などの事例においては，直接行為者の過失責任のほかに，管理者や監督者の過失責任が問題となります。これが「監督過失（広義）」の問題であり，この中で，直接行為者に対する指揮監督等の不適切さが過失を構成する「監督過失（狭義）」（間接防止型）と，管理者等による物的設備・人的体制の不備それ自体が結果発生との関係で過失を構成する「管理過失」（直接介入型）に分類されます。

　さらに，近時問題となっているのが，過失の競合の問題です〈総245頁〉。すなわち，一つの構成要件的結果の発生に対して複数の行為者の過失が存在する場合をいいます。

第8講　正当防衛

1　違法阻却事由

　以上，構成要件該当性が肯定された後，違法阻却の問題となります。違法阻却事由には，緊急行為と一般的正当行為とがあります。緊急行為には，正当防衛（36条），緊急避難（37条）など，一般的正当行為には，正当行為・法令行為（35条），被害者の同意などがあります。

　違法阻却の一般原理は，利益と利益が衝突する状況において問題となることから，優越的利益が基本となるべきでしょう。その際，当該行為の態様，行為の危険性なども考慮されることになります。もっとも，それぞれの違法阻却事由に固有の根拠がさらに問題となり，固有の根拠の方が事例解決においては重要といえるでしょう。

2　正当防衛の違法阻却根拠

　そこでまず，正当防衛です〈総272頁〉。「日本人留学生射殺事件」を知っていますか。ハロウィーンで間違えて他人の住居の敷地内に侵入し，射殺されてしまったという悲しい事件です。アメリカでは正当防衛が認められましたが（一般人も急迫不正侵害が存すると思う可能性があれば正当防衛が成立する），日本では，絶対に正当防衛にはならないです。日本では後でお話しする誤想過剰防衛となり，殺人罪が成立するでしょう（36条2項で刑の減免の余地はあります）。このように，正当防衛についての考え方は，国によってだいぶ異なり，日本では正当防衛の成立範囲はかなり限定されています。

　正当防衛は，「不正対正」の関係であり，「正対正」の関係である緊

急避難と区別されます（図 8 - 1）。

図 8 - 1

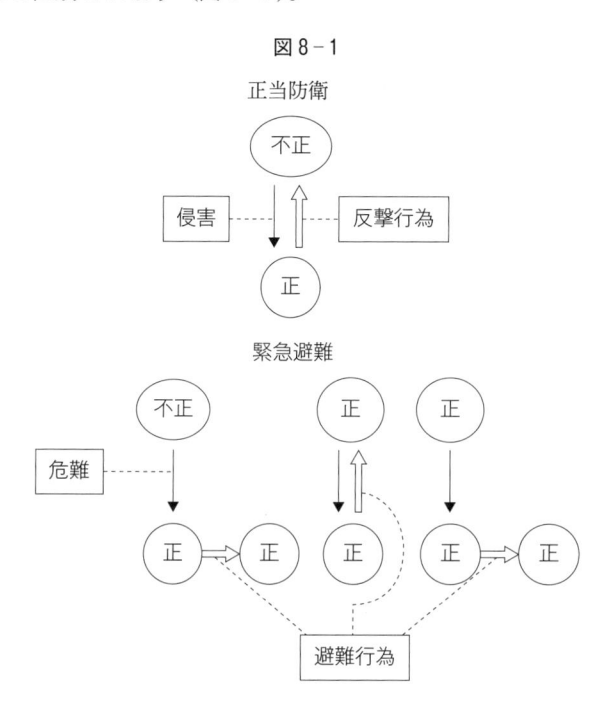

それでは，正当防衛の違法阻却根拠はどこに求められるでしょうか。結論をいえば，それは，自己保存本能から派生する「自己保護の原則」と，法秩序保護から派生する「正の確証」という 2 つの原理に求められます。これに対して，正当防衛においては侵害退避義務がないということを根拠とする考え方が有力ですが，正当防衛は権利であり，国家が防衛者を保護できない緊急状況においては，防衛者は，国家に対して有する自己の自由・権利を要求し，侵害に抵抗する権利を有するのです。先に述べた「正の確証」はこのような意味なのです。

3　防衛状況

　正当防衛の要件は，「急迫不正の侵害」という正当防衛「状況」とこれに対する正当防衛「行為」（防衛の意思・反撃行為・防衛行為の相当性）とに分けられます（図8-2）。

図8-2　正当防衛の要件

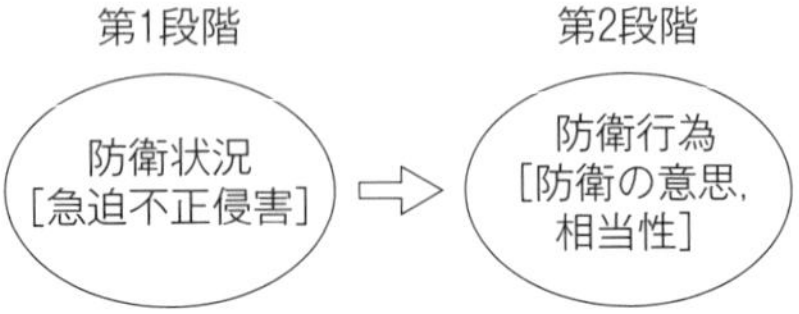

第1段階　　　　　　　　　　　第2段階

防衛状況
[急迫不正侵害]　⇒　防衛行為
[防衛の意思,
相当性]

　この中で重要なのが，「急迫性」要件であり，急迫性の判断構造が問題です。まず，急迫性が終了したのか，あるいは，いったん中断しただけでなお継続しているのかが問題となります。1審と2審が急迫性は終了したと認定したのに対して，最高裁は相手方の加害意思の存在と再度の攻撃可能性から，急迫性の継続性を肯定したという事案もあります〈総276頁〉。次に，急迫性の判断がもっぱら客観的に行われるのか否かが問題となります。判例によれば，急迫性が客観的に存在したとしても，行為者に侵害の予期があり，さらに，その機会を利用して積極的に加害行為をする意思（積極的加害意思）があるときは，急迫性が否定されます〈内ゲバ事件＝総278頁〉。しかし，「今から行ったる事件」において〈総279頁以下〉，最高裁は，侵害予期の類型に関する急迫性の有無について，新たな判断枠組みを提示しました。そこでは，急迫性の判断は，「対抗行為に先行する事情を含めた行為全般の状況に照らして検討すべきである。」として，具体的な考慮要素が列挙され，積極的加害意思の有無は急迫性否定の一つの類型に位置づけられました。

　「不正の侵害」については，動物の攻撃に対して正当防衛が許され

るかが問題となります。正当防衛の違法阻却根拠を「正の確証」に求めるならば，法主体でない動物に対して法秩序の存在を知らしめることはできず，正当防衛は認められませんが，緊急避難によって対抗することができます。

4　防衛行為

「防衛の意思」は，判例によれば，攻撃意思との併存が肯定され，もっぱら攻撃の意思で行われた場合に否定されるという，きわめて希薄な内容を有し，「侵害に対応する意思」といえるでしょう。教室事例として登場するのが「偶然防衛」の問題です。たとえば，甲は，Xが甲を殺害しようとして銃を構えていたことを知らず，殺意をもってXに向け銃を発射し，これを殺害したという場合です。防衛の意思必要説によれば，正当防衛が認められず，殺人既遂となり，防衛の意思不要説によれば，正当防衛が認められることになります。これに対して，殺人未遂説もあります。偶然防衛の場合，構成要件的結果は発生していますが，正当防衛の結果となっていることをどう評価するかという，行為無価値や結果無価値，行為規範や制裁規範などの基本問題に遡って検討しなければならない問題です。私は，行為規範違反はありますが，違法な結果ではなく，制裁規範は未遂の限度でしか発動しないので，未遂犯に準じると解します（43条の準用）。

防衛行為の「相当性」の内容について，判例によれば，侵害者からの攻撃を防止するために必要なものであること（必要性），防衛手段の内容が侵害者からの攻撃の程度の対応したものであること（対応性），防衛しようとした法益と侵害した法益とが著しく均衡を失していないこと（ソフトな均衡性）とされています。相当性を逸脱した場合には，後で述べる「過剰防衛」となります。

5　正当防衛と第三者

　正当防衛をめぐるいくつかの問題があります。

　まず,「防衛行為と第三者」の問題です〈総294頁〉。とくに問題となるのが,防衛行為の結果が第三者に生じた場合で,たとえば,甲は,Xがピストルで狙ってきたので,防衛のためやむを得ずXに向けてピストルを発射したところ,弾丸がたまたまXのそばにいたYに当たってYが死亡した場合です(図8-3)。まず,方法の錯誤ですから,法定的符合説によれば,Xに対して殺人未遂罪,Yに対して殺人既遂罪の構成要件に該当します。Xに対して正当防衛が成立しますが,Yに対してはどう処理されるでしょうか。正当防衛説や緊急避難説もありますが,これは無理でしょう。したがって,単なる違法行為とするのが妥当だと思いますが,「お兄ちゃん事件」〈総296頁〉では,兄を守るために車をバックしたところ,攻撃者の手に当て,さらに兄に激突して兄を死亡させた事案につき,誤想防衛の一種として,故意を阻却し,過失もないとして犯罪不成立とされました。防衛行為の方向性の錯誤を誤想防衛のカテゴリーに含めることは疑問だと思います。

図8-3　防衛行為と第三者

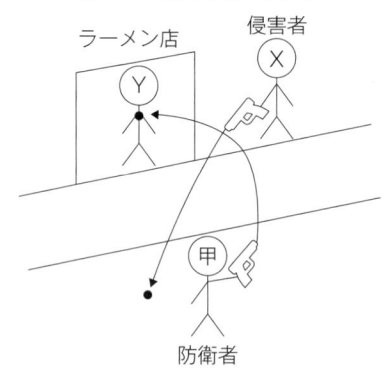

6　自招侵害

　次に，「自招侵害」の問題です〈総 297 頁〉。これは，防衛行為者が自ら不正の侵害を招いて正当防衛状況を作り出した場合に，正当防衛の成立が認められるかという問題です。ラリアット事件（図 8 - 4 ）というのがあり〈総 298 頁〉，ラリアットって知っていますか。プロレスの技ですが，危険な技とされています。最高裁は，行為者による第 1 暴行と，ラリアットで攻撃してきた侵害者による第 2 暴行との関係を問題として，「何らかの反撃行為に出ることが正当とされる状況における行為とはいえない」と判示しました。正当防衛は権利であり，正当防衛「権」の行使といえるか否かという基準で判断されるべきであり，権利濫用といえる場合には，正当防衛の成立は認められないでしょう。

図 8 - 4　ラリアット事件

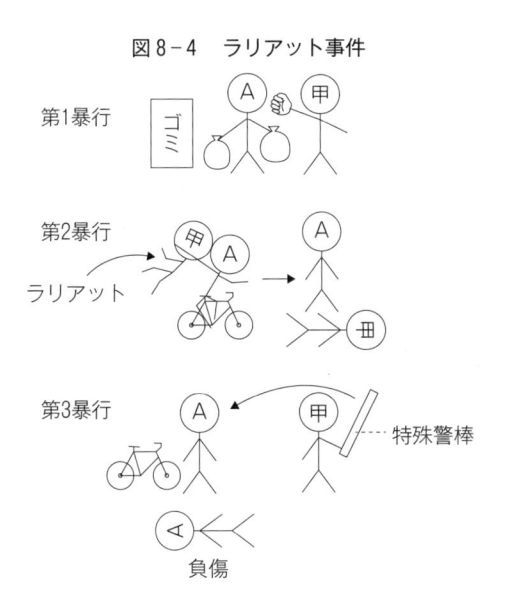

7　過剰防衛

「過剰防衛」の場合，情状により刑が減軽または免除されます（36条2項）〈総301頁以下〉。この刑の任意的減免の根拠は何かが問題となります。一方で，過剰防衛の場合にも正当な利益が維持されたという面もあり，他方で，過剰防衛の場合には非難の減少も認められることを考慮して，違法・責任の両方が減少すると解されます（違法・責任減少説）。この場合，違法減少は過剰防衛の外枠を形成し，責任減少が刑の任意的減免の前提的根拠と位置づけることができるでしょう。

過剰防衛には，質的過剰（相当性の程度を越えて強い反撃行為を加えた場合）と量的過剰（攻撃者がすでに侵害をやめたのに反撃を続けた場合）とがあります。量的過剰の場合，急迫不正の侵害が終了した後の反撃ですから，全体として過剰防衛となるのか，前半は正当防衛行為，後半は違法行為と分断されるのかが問題となります。判例は，一般に，一連の行為として全体的に評価して，過剰防衛の成立を認めていますが，例外として，灰皿投げつけ事件（図8-5）があります〈総304頁〉。灰皿といっても，吉本新喜劇のポコポコヘッド用の小さなものではなく，ビルの喫煙室などにある比較的大きい灰皿です。これは，第1暴行は正当防衛であり，第2暴行は，もっぱら攻撃意思で行われていることから，その間には断絶があり，死因を形成した第1暴行につき傷害致死罪は成立せず，第2暴行による傷害結果だけの責任を負うとされました。この場合，意思の一貫性（防衛の意思の存在）という点が，行為の分断か統合かという判断において重要だと思います。

図 8-5　灰皿投げつけ事件

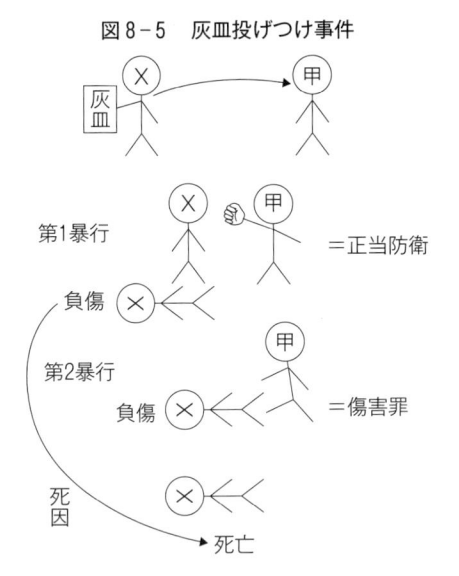

8　誤想防衛

　誤想防衛には，3 つの類型があります〈総 306 頁以下〉。第 1 類型は，急迫不正の侵害を誤認した場合でであり，典型的な誤想防衛です。第 2 類型は，防衛行為の相当性を誤認した場合であり，誤想防衛の一種で，他方で，過剰防衛になっているので，過失の過剰防衛ともいえます。第 3 類型は，急迫不正の侵害の誤認と防衛行為の相当性の誤認が併存する場合であり，これが典型的な誤想過剰防衛です。

図 8 – 6　誤想防衛

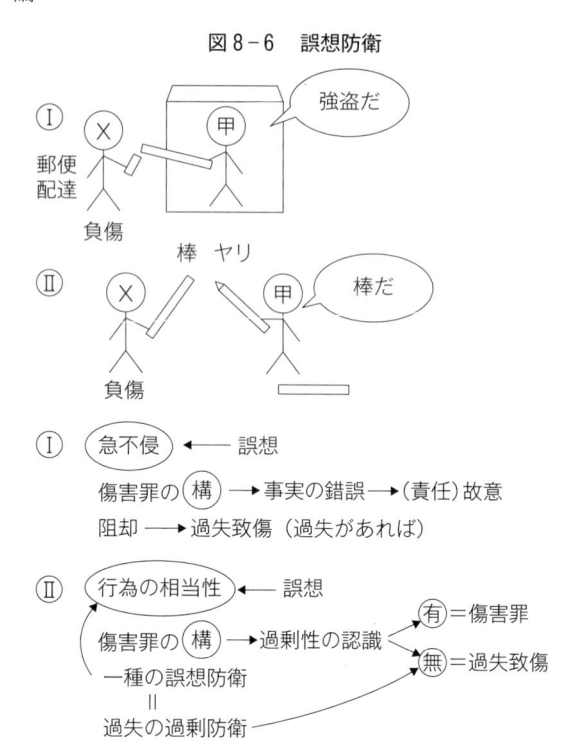

　誤想防衛の場合（図8‐6），違法阻却事由の前提事実の錯誤であり，これは事実の錯誤であり，故意が阻却されます。ここで阻却される故意とは何かについては，故意の体系的地位をどのように考えるかに依拠しますが，構成要件的故意ではなく，責任要素としての故意（責任故意）が阻却されると考えるべきでしょう。この点については争いがありますので，さらに検討する必要があります。

9　誤想過剰防衛

　誤想過剰防衛については，「勘違い騎士道事件」〈総309頁〉が有名

です（図 8-7）。この事件には思い出があります。というのは，弁護人が齋藤正和弁護士（中学，大学の同期で，修士課程も一緒でした）であり，2 審の裁判長が佐々木史朗先生（大学院時代からご指導いただき，松原芳博先生と一緒に運営している「特別刑法判例研究会」の創始者です）であったからです。そして，私も，まだ講師時代に「法学教室」にこの判例の評釈を書きましたが，確か，この判例の最初の評釈だったかと思います。つまり，この 3 人で日本を動かしたということです（笑）。

図 8-7　誤想過剰防衛

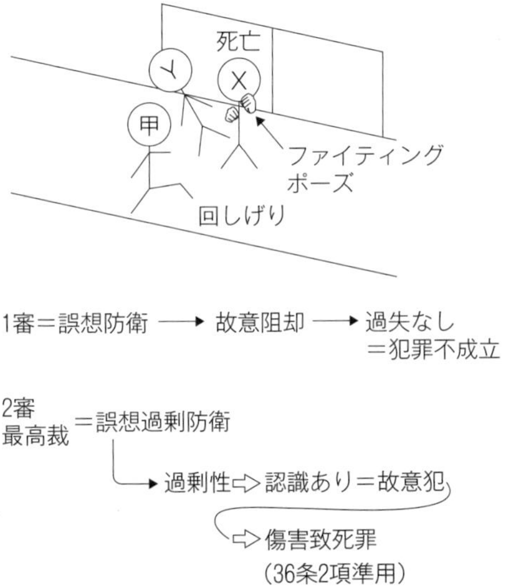

1 審＝誤想防衛　　→　故意阻却　　→　過失なし
　　　　　　　　　　　　　　　　　　　＝犯罪不成立

2 審
最高裁　＝誤想過剰防衛

　　　　　　→　過剰性 ⇨ 認識あり＝故意犯

　　　　　　　　　　　⇨ 傷害致死罪
　　　　　　　　　　　　（36 条 2 項準用）

　誤想過剰防衛については，「故意の存否」と「36 条 2 項の適用の可否」をどうするかが問題となります。故意の存否については，「過剰性を基礎づける事実」を認識している場合は，故意を阻却せず（故意犯），それを認識していない場合は，故意を阻却する（過失犯）という二分説が妥当でしょう。36 条 2 項の適用については，過剰防衛における刑の任意的減免の根拠から帰結されます。違法・責任減少説から

49

は，違法は減少していませんが，責任が減少しているので，36条2
項の準用が肯定できるでしょう。

第9講　緊急避難

1　序　説

　緊急避難（37条）の典型例は，「カルネアデスの板」です。ギリシャの哲学者カルネアデスが弟子たちに出した難問です。船が難破して漂流している2人（甲・乙）のそばを一枚の板が流れてきたのですが，これは一人用であり（笑），甲は，乙を溺殺させて自分だけ助かったという事例です。刑法上，甲の行為は殺人罪の構成要件に該当しますが，緊急避難が成立するでしょう〈総312頁以下〉。

　緊急避難は，通説によれば，違法阻却事由であるとされ，甲の行為は違法阻却されます。これに対して，責任阻却説や，違法阻却と責任阻却の2元説などがあります。違法阻却と解した場合，乙がこれに対抗する場合，正当防衛ではなく，緊急避難の問題となりますし，甲の行為に関与する者がいた場合，共犯は成立しません（適法行為への共犯は不成立）。

2　要　件

　緊急避難の要件については，現在の危難，保全法益，避難行為，補充性の原則，法益均衡の原則，相当性の原則が問題となります。現在の危難には，人の行為のみならず，自然現象，疫病，動物による災害など，その原因のいかんを問いません。保全法益は，「自己又は他人の生命，身体，自由又は財産」とありますが，制限列挙ではなく，名誉や貞操なども含まれます。避難行為には，無関係の第三者の正当な利益を侵害する転嫁型（攻撃的緊急避難状況）と，危難の由来する側

の正当な利益を侵害する反撃型（防御的緊急避難状況）とがあります。転嫁の「嫁」という字は，ジェンダー的に問題ですね。小さい頃は良い子良い子ということで「娘」，それが，結婚すると家に入るということで「嫁」，そして，歳をとると古くなるから「姑」というわけです（笑）。それはともかく，緊急避難においても，避難意思が必要です。条文の「やむを得ずにした行為」とは，正当防衛とは異なり，他にとるべき方法がなかったことを意味します。これを「補充性の原則」といいます。また，緊急避難が成立するためには，避難行為から生じた害が，避けようとした害の程度を超えないことが必要です。これを「均衡性の原則」といいます。さらに，危難を回避するのに適切な手段でなければならないという「避難行為の相当性」も必要です。「均衡性の原則」を逸脱した場合，過剰避難となり，また，「現在の危難」を誤認した場合，誤想避難となり，さらに均衡性あるいは相当性の程度を超えれば，誤想過剰避難となり，それぞれ，正当防衛の場合と同様な法的処理を行います。

3　自招危難

　「自招危難」とは〈総323頁〉，現在の危難を自ら招く場合をいい，正当防衛における「自招侵害」に対応するものです。この場合，緊急避難の成立は否定されるか否かが問題となります。正当防衛の場合は，正当防衛「権」という権利の濫用か否かによって処理されますが，緊急避難は権利とはいえず，緊急避難が成立すると違法阻却になるという法理を濫用するものか否かによって処理する方法が妥当でしょう。

第10講　被害者の同意

1　序　説

　法益の主体が自己の法益への侵害に同意した場合，その法益は，刑法上保護しなくてよいことになります。その根拠は，利益不存在の原則，あるいは行為の社会的相当性などの点に求められています〈総326頁以下〉。

　被害者の同意による法効果については，いくつかの場面で異なります。第1に，たとえば，住居侵入罪（130条）や13歳以上の者に対する強制性交等罪（177条前段）などの場合は，被害者の同意があれば構成要件に該当しません。第2に，第1とは逆に，たとえば，13歳未満の者へのわいせつ行為（176条後段）や性交行為（177条後段）の場合は，被害者の同意があっても構成要件上意味がなく，犯罪が成立します。第3に，同意殺人罪（202条後段）などの場合は，被害者の同意が違法減軽事由となっています。そして，第4に，被害者の同意を違法阻却事由として認めうるか否かが問題となる場合であり，一般に傷害罪に関して議論されており，これが本講の問題です。

2　同意傷害

　傷害行為に対する同意の有効性は，たとえば，ヤクザの指つめ，SMプレイ，保険金詐欺目的での傷害などについて問題となります。

　自動車事故保険金詐欺事件では〈総328頁〉，交通事故を装って保険金を詐取するため，甲が，乙の同意を得て，その運転する車に追突させ，乙に傷害を負わせた事案につき，「被害者が身体傷害を承諾し

たばあいに傷害罪が成立するか否かは，単に承諾が存在するという事実だけでなく，右承諾を得た動機，目的，身体傷害の手段，方法，損傷の部位，程度など諸般の事情を照らし合せて決すべきものであるが，本件のように，過失による自動車衝突事故であるかのように装い保険金を騙取する目的をもって，被害者の承諾を得てその者に故意に自己の運転する自動車を衝突させて傷害を負わせたばあいには，右承諾は，保険金を騙取するという違法な目的に利用するために得られた違法なものであって，これによって当該傷害行為の違法性を阻却するものではないと解するのが相当である。」と判示しました。この問題については，同意傷害をすべて不可罰とする見解もありますが，202条（同意殺人罪）の未遂が処罰されていることから，生命の危険を生じさせるような重大な侵害についての同意は無効と解するべきでしょう。

3　同意の要件

　同意の要件として，まず，同意能力が必要であり，また，同意の任意性も必要です。すなわち，強制による同意は無効となります。とくに問題となるのは，錯誤による同意です。たとえば，偽装心中のような場合です。心中って知ってますか。「しんじゅう」と読みますが，合意で一緒に死ぬ「合意心中」が一般的で，私の好きな太宰治の人生で重要な意味を持つものです。合意心中で片方が生き残ってしまった場合，理論上は自殺関与罪となりますが，自分も不可罰な自殺未遂を行っていることから，適法と解する余地もあります。これに対して，「無理心中」は，死ぬことの認識がない人を死に至らせるのですから，殺人罪が成立します。それでは，「偽装心中」はどうでしょうか。「火曜サスペンス劇場」や「土曜ワイド劇場」などでしばしば登場したものです（笑）。すなわち，被害者は死ぬことを認識していますが，その動機に錯誤があるわけです。偽装心中につき，判例は，「真意に添

わない重大な瑕疵ある意思」であるとして，同意を無効として，殺人罪の成立を認めていますが，同意は当該構成要件で保護された法益を処分する意思でありますから，法益に関係する錯誤だけが同意を無効とすべきでしょう。この考え方を「法益関係的錯誤説」といいます。これによれば，偽装心中は，自殺関与罪となります。

4　危険の引受け

　被害者の同意に似て非なるものが「危険の引受け」です。すなわち，構成要件的結果に対しては同意はありませんが，危険な行為を行うことについては同意がある場合です。この問題については，「ダートトライアル同乗者死亡事件」〈総 337 頁〉が有名ですが，千葉地裁は，一方で「危険の引受け」，他方で「社会的相当性」を考慮して，違法性が阻却されると判示しました。被害者の自己答責性のために，危険の現実化が否定されるとか，あるいは，構成要件の射程範囲外であるとか考えられるでしょう。

第11講　責　　任

1　序　説

　一定の行為が構成要件に該当し，違法阻却事由が存在しないだけではまだ犯罪は成立せず，次に，責任阻却事由の存否を検討しなければなりません。これは「責任なければ刑罰なし」という責任主義からくるわけです〈総347頁以下〉。しかし，責任とは何かという困難な問題があります。

　第1に，責任の本質の問題です。一般には，「意思の自由」の存在を肯定し，他行為可能性がある場合には，非難可能性があると解されています。犯罪をしないことが選択できるのに，犯罪をしたことに対して，「けしからん」と非難するわけです（図11-1）。諸君も，勉強することができるのにしないから，チコちゃんに，いや，親に叱られたのではないですか（笑）。これに対して，人間は，素質と環境に決定されているという決定論の立場からは，非難することはできず，行為者の危険性を根拠とする社会的危険性が責任の内容となります。まあ，この論争は終わりのないものですが，意思の自由を前提としなければ，そもそも規範というものが存在し得ないわけで，刑法規範も当然，意思の自由を仮設しなければならないでしょう。

図 11-1　責任

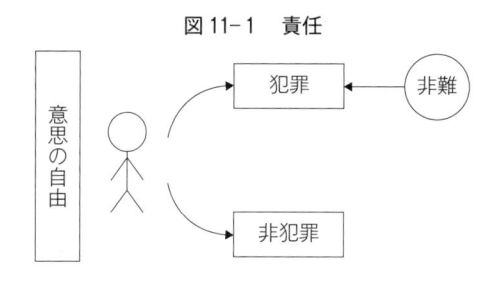

　第 2 に，責任の基礎の問題です。これは，責任の対象は何かという問題であり，それは「行為」であると解されています。すなわち，行為責任というわけです。第 3 に，責任の内容の問題ですが，それは，責任能力，違法性の意識の可能性，期待可能性，そして，私の見解によれば，責任故意，責任過失も含まれます。

2　責任能力

　責任能力とは，有責に行為する能力のことですが〈総 354 頁以下〉，刑法は，責任無能力と限定責任能力という形で規定しています。39条 1 項で「心神喪失者の行為は，罰しない。」と，2 項で「心神耗弱者の行為は，その刑を減軽する。」というわけです。責任能力判断は法的判断であり，心神喪失とする鑑定があっても，動機の了解可能性や犯行の計画性などの存在から，責任能力が肯定される場合があります。司法研究『難解な法律概念と裁判員裁判』において示された，「精神障害のためにその犯罪を犯したのか，もともとの人格に基づく判断によって犯したのか」という視点が参考になるでしょう（図 11- 2 ）。

図 11- 2　責任能力

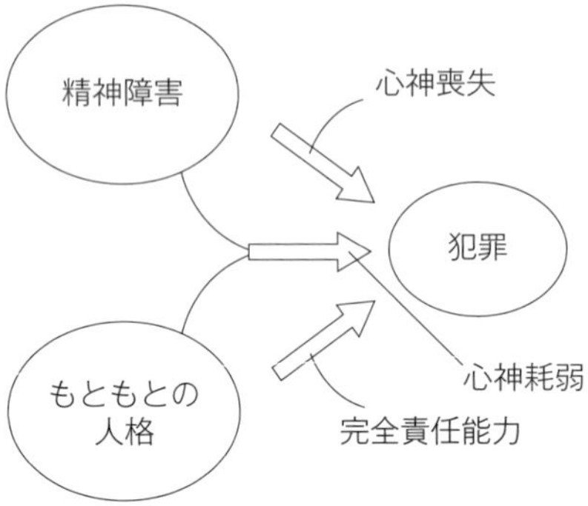

精神障害

心神喪失

犯罪

もともとの
人格

心神耗弱

完全責任能力

3　原因において自由な行為

　責任能力に関する解釈論的問題が，「原因において自由な行為」の問題です〈総 362 頁以下〉。たとえば，殺意をもって人を刺したときに心神喪失であったとしても，事前に，故意あるいは過失により自らそのような状態に陥れて犯行に及んだような場合に，「原因において自由な行為の法理」によって，可罰性を根拠づけるというものです。ラテン語で「actio libera in causa」といい，ドイツでは略して「アリック（alic）」と呼ばれています。「不思議の国のアリックです」（笑）。そして，責任無能力等の状態を招く原因となった行為を「原因行為」と，責任無能力等の状態でなされた違法行為を「結果行為」といいます。原因行為と結果行為のいずれに実行行為性を肯定するかが問題となります。学説上，責任能力と実行行為の同時存在を厳格に維持し，原因行為を実行行為と解する「構成要件モデル」と，責任能力と実行行為との同時存在を緩和し，責任能力の存在時期だけを原因行為に求める「責任モデル」が対立しています。

図 11-3 原因において自由な行為

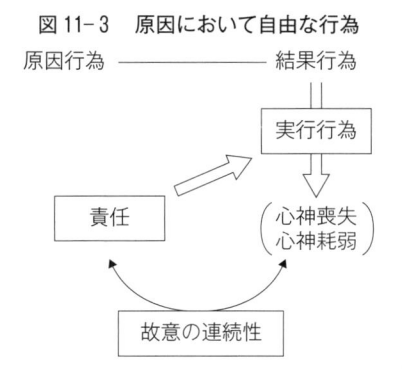

意思決定から実行行為・結果惹起に至る人間の態度が同一の意思に貫かれている場合には、これを一つの行為として、その行為の開始時に責任能力が存在すれば、その行為について完全な責任が問えるでしょう。責任は行為についての意思決定に対する否定的評価だからです。判例も基本的にこの立場から、「故意の連続性」があれば、結果行為である実行行為に対して、原因行為時の責任によって非難可能としています（図 11-3）。実行行為途中から責任無能力や限定責任能力となった場合も、実行の着手時の能力に加えて、着手時の意思決定が実行行為全体に貫徹されているかが問題であり、「責任非難としての意思の一貫性」があれば、原因において自由な行為の法理が適用されることになるでしょう。

4 責任故意・責任過失

責任故意とは、違法性を基礎づける事実の認識であり、たとえば、誤想防衛の場合、構成要件的故意は存在しますが、責任故意が阻却され、過失があれば、責任過失が肯定されることになります。

5　違法性の意識の可能性

　故意が存在しても，違法性の意識がない場合があります〈総372頁以下〉。犯罪事実を認識していても，それが許されるのだというように，違法性の意識がない場合，どう処理するかが問題となります。これを「違法性の錯誤」といいます。これに対するのが，「事実の錯誤」であり，たとえば，人を熊だと思って発砲して人が死亡した場合，相手が人であるという事実の認識がまだ完成していませんから，過失があれば，過失犯しか成立しません。違法性の錯誤は，たとえば，確信犯人のように，その人を殺すことが世のためになると思って実行するような場合です。判例は，基本的に，違法性の意識を不要と解していますから，違法性の錯誤があっても「そんなの関係ねえ」と小島よしおです（笑）。これは，「法の不知は許さず」というローマ法の法諺に由来し，国民は法を知るべきであるという権威主義的な考え方といえるでしょう。しかし，やむを得ない事情で違法性の意識を欠き，行為者を非難できない場合にも故意責任を肯定することは責任主義に違反するといわざるを得ないでしょう。もっとも，「百円札模造事件」では〈総376頁以下〉，違法性の意識の可能性を問題としており，なお流動的です。違法性の意識について，学説上の論争がありますが，通説的見解は，「違法性の意識の可能性」を責任の要件としています（図11-4）。

図11-4　違法性の意識の可能性

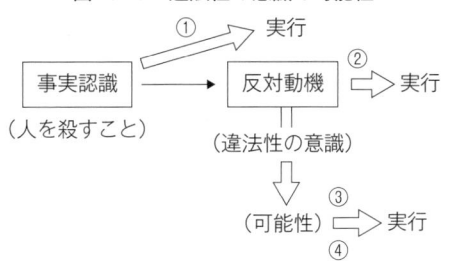

① 違法性の意識不要説（判例）
② 　〃　　　必要説（厳格故意説）
③ 　〃　　　の可能性説（制限故意説）
④ 故意とは別個に
　　違法性の意識の可能性説（責任説）

「事実の錯誤」と「違法性の錯誤」の区別は困難な問題です。前者は事実面の誤りであり，後者は評価面の誤りですが，事実と評価の区別というものがそもそも困難な課題でしょう。

図11-5　事実の錯誤と違法性の錯誤

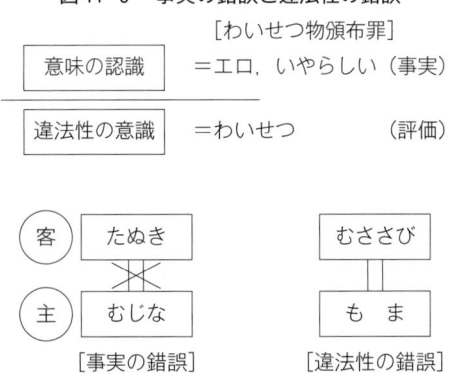

6　期待可能性

責任要素の最後は，期待可能性です〈総386頁〉。諸君は，これか

らの人生が長く，まさに「期待可能性」がありありですが，私などは，もはや「期待可能性」はほとんどないでしょうね（笑）。それはともかく，期待可能性とは，当該状況の中で行為者が違法行為をやめて適法行為に出ることを期待しうることをいい，責任とは非難可能性であるという規範的責任論の中核的概念です。超法規的な責任阻却事由ですが，刑罰法規において法定されているものもあります。期待可能性の判定基準については，責任非難が行為者に対する個別的・一身的な非難であり，行為者にとって可能なことを限度としますから，基本的に行為者標準説が妥当でしょう。

第 12 講　未遂犯

1　未遂犯の処罰根拠

43 条は，本文において未遂犯，ただし書において中止犯を規定しています〈総 391 頁以下〉。未遂犯と共犯は，刑法各則の基本的構成要件を修正する「修正された構成要件」です（図 12-1）。

図 12-1　修正された構成要件

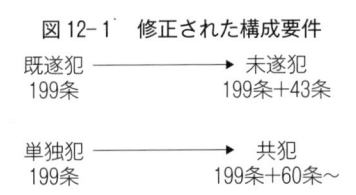

なぜ未遂犯が処罰されるかというと，法益に対する危険を発生させたからと解されています。もっとも，「危険という概念は危険である。」といわれているように，ここでいう危険とは何かが問題となります。私は，未遂犯の危険を「結果としての危険」として，「法益に対する具体的な危険」と解します。

2　実行の着手時期

43 条では，「犯罪の実行に着手して……」と規定されており，「実行の着手」は未遂犯が成立するために必要です。それでは，実行の着手時期はいつでしょうか。学説は分かれていますが，私は，行為者の計画を基礎として，法益への（抽象的な）危険が発生した時と解します。判例の立場は，必ずしも明らかではありませんが，犯行計画，法益への危険を考慮していることは確かでしょう。もっとも，各犯罪ご

とに着手時期を検討することが必要であり，たとえば，窃盗罪，詐欺罪，強制性交等罪，放火罪などにおいて問題となるとともに，複数行為の場合，間接正犯や離隔犯，不作為犯などにおいて問題となります。とくに，クロロホルム殺人事件（図5-2）において〈総402頁〉，行為者の計画である第1行為であるクロロホルム吸引行為と第2行為である海中転落行為との関係を考慮して，第1行為時に殺人の実行の着手が肯定されました。また，間接正犯における実行の着手時期について，判例は，被利用者の行為時に着手を認めています。私は，利用行為時に実行の着手を肯定しますが，未遂犯の成立は被利用者の行為時に求めるものです。詐欺罪の実行の着手が問題となった最高裁平成30年判決については〈総398頁〉，実行の着手は肯定できますが，未遂犯の成立は否定されるべきでしょう。

3　不能犯

不能犯とは，結果の発生が不能な場合をいい，犯罪不成立となりますが，危険が発生したといえる場合には，未遂犯となります〈総407頁以下〉。この危険をどのような危険と考えるかが問題となります。具体的危険説は，行為当時，一般人が認識し得た事情および行為者がとくに認識していた事情を判断の基礎として，一般人の立場から危険を感じない場合を不能犯，そうでない場合を未遂犯とする考え方です。

図 12- 2　不能犯

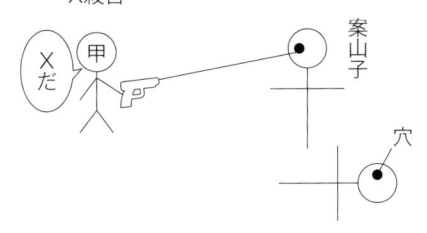

```
┌─ 具体的危険説＝行為時の事前判断
│     ──▶ 一般人もXと思えた＝殺人未遂
│     ──▶ 修正へ
└─ 客観的危険説＝行為後の事後判断
      ──▶ 案山子を何回も撃ってもXは死なない
                  ＝不能犯
      ──▶ 修正へ
```

　最近の「だまされたふり作戦」〈総 416 頁〉における受け子の受領行為が不能犯か否かについて，下級審では，この具体的危険説を採用するものが少なからずありますが，行為時に限定して危険を考えることは，実務的にはあり得ないでしょう。これに対して，客観的危険説は，科学的な因果法則に基づいた法益侵害の可能性の物理的・客観的判断を行うものですが，これを貫くと，既遂結果が発生しなかった以上，それは必然の産物であり，すべて不能犯ということになってしまいます。すなわち，甲が殺意もって X に発砲したが，頭の上を弾丸が通り過ぎた場合，その角度では絶対当たらないわけです。その角度で 100 回発砲しても絶対に当たりません。101 回目でも当たりません。まさに「101 回目の発砲行為」でもだめです（笑）。そこで，客観的危険説を基礎として，それを修正する必要があるわけです（図 12- 2）（その判断方法については，〈総 410 頁〉）。判例も，硫黄事件〈総 411 頁〉，

空気注射事件〈総413頁〉，ガス中毒死事件〈総413頁〉など，この修正された客観的危険説に基本的に立脚しているといえるでしょう。

4　中止犯

　中止犯は，犯罪の実行に着手したが，自己の意思によって犯罪を中止することをいいます（43条ただし書）〈総417頁〉。中止犯の場合，刑が必要的に減軽または免除されますが，それはなぜでしょうか。政策説というのがありまして，犯罪の完成を未然に防止しようとする政策的な考慮に求めるものです。いったん犯罪の世界に入っても，そこから引き返せば，刑が軽くなるか免れるとなれば，引き返そうと思いますよね。これを「後戻りのための黄金の橋」といいます。ゴールデンブリッジであり，私は，ハイブリッジ（高橋）です。答案で，「後戻りのための黄金の高橋」と書けば，Aプラス間違いないでしょう（笑）。しかし，政策説だけでは不十分であり，犯罪の構成要素からも説明を要します。違法が減少するとか，責任が減少するとか，その両方が減少するとか，説が分かれていますが，それぞれ政策説と併用されているのは，中止行為という事後的な行為によって，実行行為の違法性や責任が減少等すると考えるのは無理があるからではないでしょうか。中止行為は，事後的な回復行為であり，実行行為によって引き起こされた具体的危険を消滅させる行為です。私は，可罰性（阻却・減少）という第4のカテゴリーを肯定していますので，この可罰性が減少すると考えるべきだと思います（図12-3）。

図 12-3　中止犯

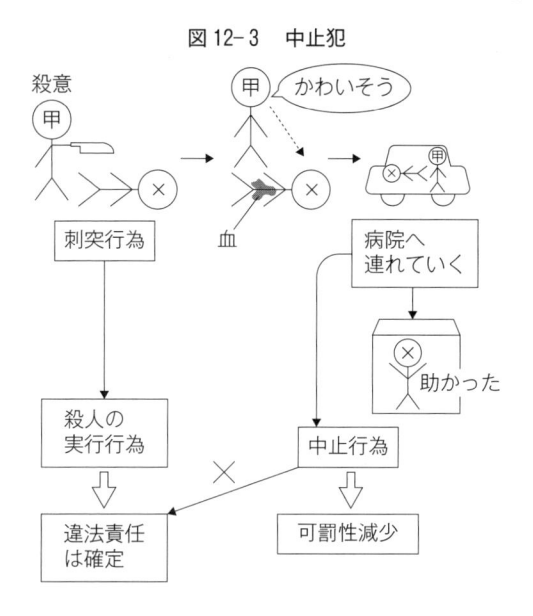

　中止犯の要件としては，まずは，中止行為の有無が問題となり，次に，任意性が問題となります。一般に，犯罪の実行に着手したが終了しないままに犯罪が未完成となった「着手未遂」の場合には，それ以降の行為を行わないという不作為で足り，犯罪の実行行為を完了したが犯罪の完成に至らなかった「終了（実行）未遂」の場合には，結果回避へ向けた積極的な「作為」が必要であるとされています。しかし，より実質的に考えるべきであり，なぜ作為が必要かといえば，そのままにしておくと結果が発生してしまうからであり，なぜ不作為で足りるかといえば，そのままにしておいても結果発生しないからです。すなわち，因果関係を遮断しなければ結果が発生してしまう場合は，作為が必要であり，因果関係を遮断しなくとも結果が発生しない場合は，不作為で足りると解するべきでしょう。中止行為について，裁判例によれば，結果発生防止のために真摯な努力をしたものであることを要

求されていますが，それは量刑事由と解すれば足りるでしょう。

　次に，任意性については，学説上分かれていますが，基本的に，「行おうと欲してもできない」場合が未遂犯，「行い得るが行おうと欲しない」場合が中止犯と解する「フランクの公式」が妥当でしょう〈総426頁〉。フランク「な」公式ではありません（笑）。もっとも，「できない」場合には，犯罪遂行の危険がなく，もはや中止行為の前提である危険が存在しないことも多く，その場合には，中止行為自体がないことになります。その意味で，任意性は，中止行為の可能性の限界を画する機能しかなく，意思の自由や行動の自由があれば，基本的に，任意性は肯定できるでしょう。

第13講　正犯と共犯

1　序　説

　犯罪に複数の者が関与する場合，問題はより複雑化します。これを論じるのが共犯論です。「共犯論は絶望の章である。」と言ったドイツの学者がいましたが，まさにそのとおりでしょう。しかし，私は，絶望の中にこそ希望があると考えて，修士論文で共犯論をテーマとして，博士論文に仕上げて一書にして刊行しました。『共犯体系と共犯理論』(1988 年) というものですが，いまだに在庫があるわけで，ほとんど売れてない本です。成文堂さんには大変な迷惑と売れない本を出版して下さったことに感謝申し上げたいと思います。しかし，この本が売れないことがまさに正常な社会でしょう。村上春樹本の隣に平積みされ，飛ぶように売れるという社会は異常な社会でしょう (笑)。

　さて，共犯の全体像については，正犯と共犯 (狭義) とに分かれ，正犯には，直接正犯と間接正犯があり，共犯には，教唆犯と幇助犯(従犯) があり，共同正犯が正犯か共犯か争いがありますが，私は，正犯性と共犯性を併せ持つと考えています (図13-1)。

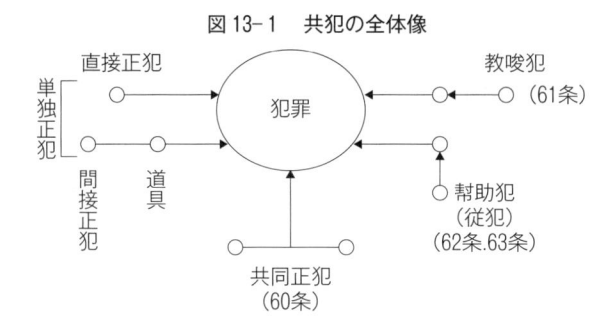

図 13-1　共犯の全体像

69

2　間接正犯

　間接正犯とは，他人を道具として利用して犯罪を実現する場合をいいます〈総434頁以下〉。たとえば，歩きはじめた「みいちゃん」を使って，セブンイレブンにあるお菓子を取ってこさせるというような「はじめてのおつかい－窃盗篇」です（笑）。すなわち，間接正犯は，利用者の利用行為と被利用者の行為とからなり，被利用者が道具的性格を持っている場合に，この事例では，利用者に窃盗罪の間接正犯が成立します。しかし，間接正犯の正犯性を積極的に根拠づける必要があり，いくつかの考え方がありますが，そもそも，正犯と共犯の区別は，当該犯罪における関与行為の客観的要素，主観的要素，規範的要素などを総動員して判断されるべきでしょう。もっとも，間接正犯の基本原理といえば，正犯が犯罪事象の中心形態であることから，犯罪事実を優越的に支配していたことに求められます。重要な判例としては，養女強制窃盗事件〈総439頁〉，長男強制強盗事件〈総440頁〉（図13-2）などがあります。両方とも，責任無能力者の行為を利用したものですが，意思抑圧があったか否かで，間接正犯か否かが判断されています。

図13-2　長男強制強盗事件

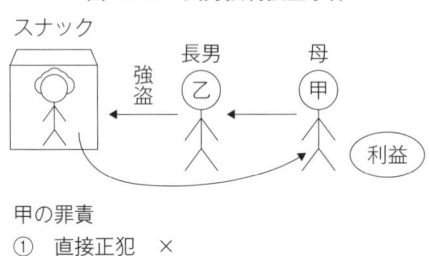

　甲の罪責
①　直接正犯　×
②　間接正犯　×　（意思抑圧なし）

　　　　　共犯ワールド
①　共同正犯　○　（重要な役割）
②　教唆犯・幇助犯　×

3　共犯の基礎理論

　共犯の基礎理論としては，①犯罪共同説と行為共同説，②共犯独立性説と共犯従属性説，③共犯の処罰根拠論があります。

　まず，犯罪共同説と行為共同説の論争は〈総 444 頁以下〉，共犯とは何を共同にするものかという問題です。この論争はとくに「異なる構成要件の間における共同正犯の成否」の問題において実際上の帰結が異なってきます。たとえば，甲・乙・丙が暴行・傷害を共謀したが，甲が殺意を持って被害者を刺突し，殺人罪を犯した場合，乙と丙の罪責はどうなるでしょうか。判例は，甲・乙・丙は傷害致死罪の限度で共同正犯が成立し，乙・丙には傷害致死罪の共同正犯が成立し，甲は，傷害致死罪を内包する単独犯としての殺人罪が成立するとしました。これは，殺人罪の構成要件と傷害致死罪の構成要件とは傷害致死罪の構成要件の限度で重なり合いが認められることから，乙と丙には傷害致死罪の共同正犯が成立するとしたわけで，基本的に，「部分的犯罪共同説」を採用したものといえるでしょう。これに対して，行為共同説によれば，甲には殺人罪，乙と丙には傷害致死罪でそれらは共同正犯になるという説明になります。シャクティ治療殺人事件（図 4-3）において〈総 446 頁〉，被告人による不作為の殺人罪を成立させるに際し，殺意のない者との間では，保護責任者遺棄致死罪の限度で共同正犯となると判示されました。

　次に，共犯独立性説と共犯従属性説の論争は〈総 448 頁以下〉，もともと共犯（教唆・幇助）の未遂が可罰的か否かという問題にのみ関連していましたが，現在では，教唆したけど，正犯者が実行しなかった場合には，共犯の未遂は成立しないということで一致しています。もっとも，予備の共犯の成否の問題はなお残ります。また，共犯が成立するためには，正犯行為はいかなる要素を備える必要があるかという問題についても，現在では，正犯が違法であれば，共犯も違法であると

いう「違法の連帯性」が一般に認められており，いわゆる「制限従属性」が通説となっています。もっとも，以上の2つの論争は，より基本的な論点である，次の「共犯の処罰根拠論」に収斂されると思います。

4　共犯の処罰根拠論

　それでは，共犯の処罰根拠論ですが〈総451頁以下〉，以前は，いくつか学説の論争がありましたが，現在では，共犯も正犯と同様に結果に対して因果関係があるとする因果性に処罰根拠を求める「因果的共犯論」が通説となっており，後で述べる近時の承継的共同正犯に関する最高裁判例もこの立場であるといえるでしょう。もっとも，因果的共犯論のなかでさらに考え方の差異があります。たとえば，共同正犯と教唆犯・幇助犯とは処罰根拠が異なるのか，正犯の違法性と共犯の違法性とはどのような関係にあるのか，因果性の内容をどのように理解するかなどの問題について，なお検討する必要があります。ここでは，とりあえず，共犯の因果性が基礎になることを押さえておけばいいでしょう。

第 14 講　共同正犯

1　共同正犯の処罰根拠

　甲と乙は強盗を共謀し，銀行に立ち入り，甲が銀行員らに暴行・脅迫を行い，その間に，乙が現金等を奪取するという，「俺たちに明日はない」という映画のボニーとクライドという恋人同士の強盗です。誰も知らないようですね。この事案で，甲と乙それぞれ別個の単独犯的特徴としては，甲は暴行罪あるいは脅迫罪であり，乙は，窃盗罪ですね。しかし，この2人は強盗罪の共同正犯となります。このように，共同正犯は，「一部実行全部責任」という効果を生みますが，その根拠はどこにあるのでしょうか〈総452頁，458頁以下〉。まず，早稲田が生んだ学説である共同意思主体説というのがあります。これは，大審院判事で早稲田で教鞭を執られた草野豹一郎博士が創唱した学説です。この説は，共犯を特殊な社会的心理現象である共同意思主体の活動であるとし，異心別体の2人以上の者が一定の犯罪実現を共同目的として同心一体化したときに共同意思主体が形成され，その中の1人以上の者が共同目的の下で犯罪実行した場合には共同意思主体の活動として全員が責任を負うことになるとする見解です（図14-1）。

図 14-1　共同意思主体説

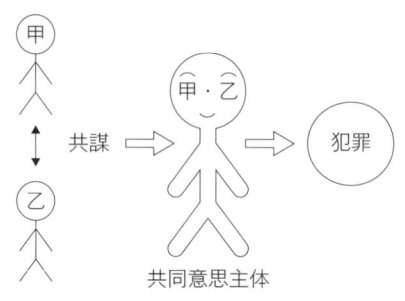

　この考え方は判例に採用され，現在でも基本的に維持されていると思いますが，学説的には多くの批判を受けました。共同意思主体説は団体責任を認めるものであり，個人責任原則に反するというのです。さらに，早稲田発祥の学説というのも批判対象として格好でしょう。早稲田は叩かれるところに意義のある大学です（笑）。叩かれてもなお「立つんだジョー」という感じで成長する学生のいる大学です。われわれの学生の頃は，早稲田の教育は，ライオンが子どもを崖から落として，這い上がってくる者だけを育てるといった教育でした。もっとも，最近の早大生は，誰も這い上がってこないかもしれません（笑）。それはともかく，個人責任から共同正犯を基礎づける見解として，前に述べた因果的共犯論がありますが，共同正犯の場合，他人の行為が自己の行為として相互的に帰属されるわけで，これを因果性だけで説明することはできません。先の強盗の事例で，甲の暴行・脅迫行為は乙も行っているとするわけで，これは行為の相互的帰属が認められるからでしょう。そして，このような相互的行為帰属は，後で述べる「共謀」の機能によるものです。

　共同正犯については多くの問題がありますが，重要な問題だけピックアップしていきます。

2　共謀共同正犯

　第 1 に，共謀共同正犯です〈総 458 頁以下〉。共謀共同正犯とは，2 人以上の者が一定の犯罪の実行を共謀し，共謀者のある者が共謀にかかる犯罪を実行したときは，他の共謀者も 60 条の共同正犯の成立が認められる場合をいいます。以前の学説の多くは，60 条における「実行」を 43 条の未遂犯における「実行」と同義と捉え，実行共同正犯のみを共同正犯として，共謀共同正犯を否定するというものでした。しかし，判例による展開の影響によって，真っ向から否定するのではなく，限定的に肯定する方向へと学説も変化してきました。判例上，基本的に，共謀共同正犯の成立要件は，「共謀」，「正犯性」，「一部の者の実行」とされています。もっとも，練馬事件では〈総 460 頁〉，共謀とは，「2 人以上の者が，特定の犯罪を行うため，共同意思の下に一体となって互いに他人の行為を利用し，各自の意思を実行に移すことを内容とする謀議」とし，共謀の中に正犯性を包含するとともに，謀議が客観的謀議なのか，主観的謀議なのか明らかではありませんでした。その後，スワット事件で〈総 461 頁以下〉主観的謀議であることが明らかになりましたが，共謀と正犯性の位置づけについてはいまだはっきりしません（図 14-2）。

図 14-2　スワット事件

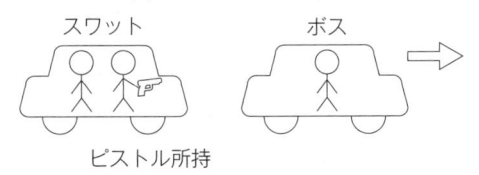

スワット　　　　　　　　ボス

ピストル所持

① 　共謀
② 　正犯性
③ 　一部の者の実行

　正犯性とは，重要な役割，自己の犯罪などの下位基準によって認定

されることになるでしょう。正犯性がなければ，共謀共同正犯は否定され，教唆犯あるいは従犯となりますが，一方的なコミュニケーションである教唆犯の成立はほとんど困難であり，教唆犯は絶滅危惧種とさえいわれています。

　共謀共同正犯が成立するためには，一部の者の実行が「共謀に基づく」ものでなければならず，その実行行為が「共謀の射程」内か外かが問題となります〈総464頁以下〉。その基準は，共謀と結果惹起との間に因果性があるか否か，さらに，相互利用・補充関係の有無に求められるでしょう。たとえば，窃盗を共謀したのに，実行者が強盗を行った場合，強盗を絶対しないことの共謀であった場合を除き，共謀の射程内であり，それを前提に，共犯の錯誤の問題となり，共謀者は窃盗の限度で共同正犯が成立することになります。

3　承継的共同正犯

　第2に，承継的共同正犯です〈総473頁以下〉。先行者がある犯罪の実行に着手し，その実行行為終了前に，後行者が先行者と意思疎通して実行行為を分担した場合，後行者はいかなる範囲で先行者の行為・結果を承継するか，というのが承継的共同正犯の問題です。以前のリーディングケースは，強盗目的で被害者を殺害した夫から事情を聞かされ金員強取の協力を求められた妻が，ロウソクを手にして夫の金員強取を容易にした事案で，妻に強盗殺人罪の幇助（実行を分担していないので幇助）を認めたものでした〈総474頁〉。これは，先行者がすでにした行為をも含めてその犯罪全体についての共犯が成立すると解する全面肯定説です（図14-3）。

図 14- 3　　強殺ロウソク幇助事件

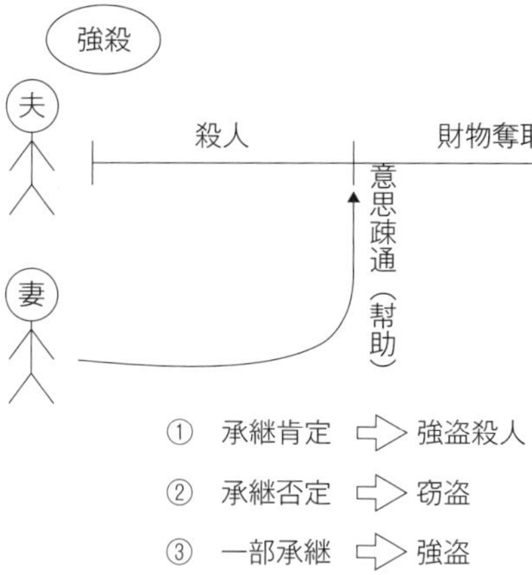

しかし，その後，下級審では，先行者の行為の効果を積極的に利用した場合には，その限度で共犯の成立を肯定する限定肯定説の立場が多く見られ，そして，「傷害途中加担事件」において〈総478頁〉，共謀加担前の傷害結果については因果関係がないので承継しないことが明らかにされ，因果的共犯論が基本的に採用されることになりました（図14- 4 ）。もっとも，強盗，恐喝，詐欺などについては，承継の可能性が残されています。

図 14-4　傷害途中加担事件

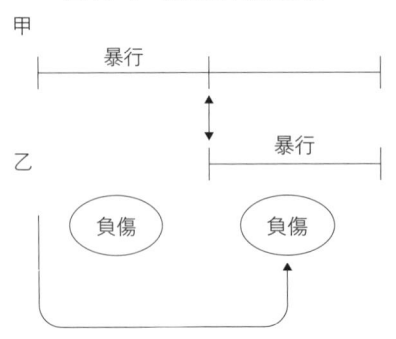

　もっとも，「だまされたふり作戦」事件（図 14-5 ）においては〈総479頁〉，受領行為に関与した共犯者につき，先行者の欺罔行為と受領行為は一体性があるという理由でのみ，関与前の欺罔行為を含めて詐欺罪（未遂）が認められました。しかし，因果的共犯論を基礎とした「傷害途中加担事件」の判例との整合性があるか疑問です。

図 14-5　「だまされたふり作戦」事件

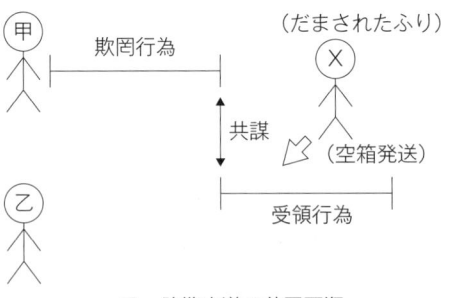

乙＝詐欺未遂の共同正犯

　私は，共同正犯については承継否定，幇助については承継を部分的に肯定します。それは，共同正犯と幇助とでは処罰根拠が異なるからです。共同正犯の処罰根拠は，共謀に基づく相互的な行為の帰属です

から，共謀後にしかそれは認められず，承継は全面的に否定されますが，幇助は，犯罪全体について因果的に寄与していれば足りますから，その限度で承継できるわけです。

4　過失犯の共同正犯

　第 3 に，過失犯の共同正犯です〈総 479 頁以下〉。過失犯にも共同正犯が成立するかという問題ですが，私は，そもそも過失犯には「正犯と共犯の区別」はなく，すべて正犯とする統一的正犯概念が妥当すると考えますので，過失共同正犯を否定します。しかし，判例は，基本的に肯定しており，学説も，共同者各人に共通した結果防止の注意義務が課せられ，各人がその共通の注意義務に違反する共同行為によって犯罪結果を生じさせたときは，過失犯の共同正犯が肯定できると解しています。すなわち，「共同義務の共同違反」というメルクマールがこれです。この法理は，世田谷通信ケーブル火災事件〈総 481 頁〉において根拠とされ，近時，明石花火大会歩道橋事件〈総 482 頁〉において，最高裁によって採用されました。しかし，共同正犯の処罰根拠の基礎は共謀の存在です。過失犯の共同正犯には共謀が存在しない以上，その成立を肯定することはできないでしょう。また，ほとんどの場合，相互的な監督過失の同時正犯に解消できるように思います。

第 15 講　共犯の諸問題

　絶望の章である共犯論には様々な問題がありますが，そのうちのいくつかを検討しましょう。

1　共犯と身分

　第 1 に，共犯と身分の問題です〈総 502 頁〉。構成要件の中には，行為主体を一定の人的範囲に限定しているものがあり，これを身分犯といいます。身分犯は，さらに，その身分が存することにより犯罪を構成する真正身分犯（構成的身分犯）と，その身分が存することにより刑が加重または減軽される不真正身分犯（加減的身分犯）とに分かれます。たとえば，前者の例として，収賄罪における公務員など，後者の例として，常習賭博罪における常習者，保護責任者遺棄罪における保護責任者などがあります。

　これらの身分犯に非身分者が共犯関係に立った場合，どのように処理するかが問題となります。この問題について，65 条は，1 項で「犯人の身分によって構成すべき犯罪行為に加功したときは，身分のない者であっても，共犯とする。」，2 項で「身分によって特に刑の軽重があるときは，身分のない者には通常の刑を科する。」と規定します。判例・通説は，1 項は，真正身分犯について身分の連帯的作用を，2 項は，不真正身分犯について身分の個別作用を規定したものであるという条文の文言に対応させた形式的根拠しか示していません。学説においては，違法身分の連帯性，責任身分の個別性という考え方が有力ですが，条文の文言から離れる点に問題があります。1 項については，

公務員の夫に公務員ではない妻が関与した場合，妻も収賄罪の共犯となります。妻の関与の態様により，夫との共同正犯となる場合もあります。2項については，非常習者が賭博常習者に賭博の教唆をした場合，非常習者には単純賭博罪の教唆が成立します。もっとも，業務上の占有者と共同して非占有者が横領した場合，判例によれば，65条1項により，非占有者には業務上横領罪の共同正犯が成立し，占有者の場合との均衡論から，65条2項を適用して単純横領罪の刑が科されています。

2　共犯からの離脱

　第2に，共犯からの離脱の問題があります〈総513頁以下〉。この離脱の問題については，共犯の中止の問題と共犯関係からの離脱の問題とがあります。まず，前者の「共犯の中止」については，共犯もその行為を「自己の意思により」「中止した」場合には，中止犯が成立します。共同正犯の全員が任意に結果発生を防止した場合は，全員について中止犯が成立しますが，共同正犯の1人が中止しようとする場合，単独犯の場合と異なり，自己の行為から生じる結果の発生を防止するのみならず，他の者の行為およびそれから生じる結果の発生も防止しなければなりません。

　次に，後者の「共犯関係からの離脱」とは，共犯者の一部の者が犯罪の完成に至るまでの間に犯意を放棄し，自己の行為を中止してその後の犯罪行為に関与しないことをいいますが，共同正犯関係からの離脱が一番問題となります。共同正犯関係からの離脱について，着手前の離脱は「共謀関係からの解消」の問題であり，基本的に，離脱の意思表示と他の共謀者の了承が要件となります。これについては，「電話中止連絡事件」〈総515頁〉が重要です。着手後の離脱は，「共犯関係の解消」の問題ですが，途中で「おれ帰る」といって離脱した「お

れ帰る事件」〈総516頁〉があります。

3　不作為と共犯

　第3に，不作為と共犯の問題があります。とくに，わが子の虐待を
している夫に対してその暴行を制止しないで放置したという事件が問
題となっています。妻に作為の可能性・容易性が認められれば，作為
義務が肯定され，傷害致死罪に対する不作為の幇助犯が成立すること
になるでしょう（虐待致死幇助事件＝総520頁）。

4　共同正犯と違法判断

　第4に，共同正犯と違法判断の問題です〈総485頁以下〉。共同正犯
者の1人の行為が正当防衛となった場合にどう処理するかは困難な問
題ですが，共同正犯者の1人が過剰防衛になった事案があります。フィ
リピンパブ事件〈総485頁〉がこれです（図15-1）。最高裁は，共同
正犯における過剰防衛の成否は各人につきそれぞれその要件を検討す
べきであり，1人に過剰防衛が成立したとしても，当然に他の者にも
過剰防衛が成立することにならないと判示しました。

図 15-1　フィリピンパブ事件

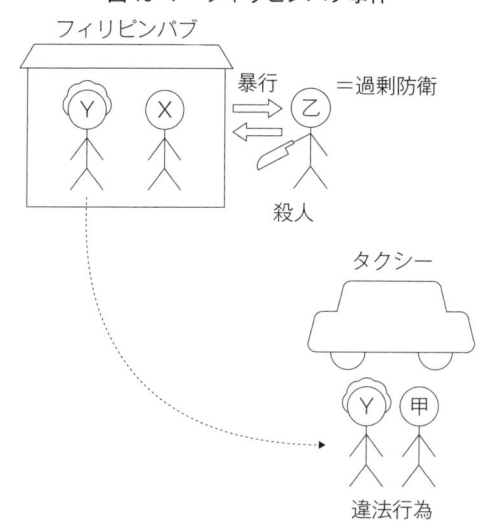

　ここでは，積極的加害意思の存否で，共同正犯における各人の違法判断が相対化することになっており，1 人が正当防衛になった場合でも，同様ということになります。結論はこれでいいのですが，その根拠については学説上様々に議論されています。私は，共同正犯者の 1 人に正当防衛が成立する場合には，共同正犯性は否定され，自己の単独正犯と他者への教唆・幇助となると解しています〈総 487 頁以下〉。

各　　論

第16講　刑法各論序説

　さて，刑法各論の講義に入ります。学生諸君は，略して「刑各」と呼んでいるようですね。まさにその通りで，「刑各は計画的に学習する」ことが必要です（笑）。とにかく量が多いのと，刑法総論に比べて，「知識」というものが重要となるのです。刑法総論の場合は，未知の問題でも演繹的に解答できることが多いですが，刑法各論の場合は，知らなければどうしようもないという問題が比較的多いですから，しっかり教科書を読んで理解してそして暗記してくださいね。

　刑法総論で学んだ犯罪論体系を思い出してください。その中で，刑法各論においては，行為が構成要件に該当するかという構成要件該当性の判断が主たる作業となります。したがって，構成要件の解釈というものが中心となり，そこでは，罪刑法定主義と刑事政策的要請とがもろにぶつかる領域といえるでしょう〈各1頁〉。

　刑法各論を学習する場合，まずは条文が大事です。これは「あたり前田のクラッカー」ですが（笑），とくに刑法各論においては，しっかり条文を読んで，構成要件の内容を把握することが一番大事です。昔，「それが一番大事♪♪」という歌もありましたね（笑）。そして，その際に指針となるのが，各犯罪の保護法益と罪質です〈各1頁以下〉。刑法総論でお話ししたように，行為規範の目的は法益保護であり，法益を確定することによって，演繹的に構成要件の解釈が導かれます。また，罪質については，侵害犯か危険犯か，さらに，危険犯の中で具体的危険犯か抽象的危険犯かがやはり構成要件の解釈に影響を与えます。

各　　論

　結局，刑法各論の中心的な学習は，各犯罪の構成要件の解釈です。
その際，構成要件要素をそれぞれ検討する必要があります〈各3頁以
下〉。すなわち，①行為主体（身分犯＝真正あるいは不真正），②行為客
体，③実行行為（危険な行為，故意・過失），④結果，⑤因果関係，⑥
行為状況，⑦未遂，⑧共犯，⑨罪数，⑩法定刑，⑪他罪との関係など
をきめ細かく検討していくことが必要ですので，頑張ってください。
ドイツ語では，「Ganbatten Sie!」となります（笑）。

第 17 講　刑法における生命の保護

1　人の意義

　出生によって「人」となります。現行刑法においては，ヒトの生命のうち「胎児」と「人」が区別され，胎児の生命（身体）は，堕胎罪でのみ保護され，人の生命（身体）は，殺人罪，傷害罪，暴行罪，過失致死傷罪，遺棄罪等で保護されています。一方，人が死亡すれば，それは「人」ではなく，「死体」であるから，死体損壊等罪の客体となります〈各 8 頁〉。

2　人の始期

　皆さんがこの世に「ハローエブリワン」と登場するのはいつでしょうか（笑）。民法 3 条 1 項は，「私権の享有は，出生に始まる。」と規定していますが，人の始期については，民法上も刑法上も規定されていません。したがって，学説上，様々な見解が主張されています〈各 9 頁〉。判例・通説は，胎児の身体の一部が母体から露出した時と解しており，これを「一部露出説」といいます。その根拠は，母体とは独立して直接攻撃が可能という点に求められています。これに対しては，そのような行為態様によって客体の性質を区別することは基準の立て方として妥当でないとして，胎児の身体の全部が母体から露出した時と解する「全部露出説」が主張されています。出産プロセスにおいて「人」となることは，殺人罪，傷害罪，過失致死罪等の客体と位置づけられることであり，そのような客体として一定程度明確であることが要請されます。その意味で，母体から独立したか否かというの

が基準となるべきと思いますので，一部露出説が妥当でしょう。

3　人の終期

　人が人でなくなる死亡時期はいつでしょうか。死亡の時期については，呼吸の停止，心拍停止，瞳孔の散大と対光反射の消失の三徴候による判定と解する三徴候説が多数を占めていましたが，近時，人工生命維持装置の発達および臓器移植との関係で，脳幹を含む脳全体の機能の永久的（不可逆的）停止をもって死亡とする全脳死説が有力に主張されています〈各11頁以下〉。臓器移植法は，脳死を人の死とすることを規定しました。たしかに，臓器移植とくに心臓移植を適法化するためには脳死説に依拠せざるを得ないでしょう。三徴候説によれば，臓器移植は殺人罪の構成要件に該当し，違法阻却の問題となりますが，違法阻却の可能性はほとんどないからです。したがって，臓器移植を推進するという価値決定との関係では脳死説が採用されることになります。しかし，人の死一般については，脳死説ではなく，従来のように，三徴候説によって死を判定すべきであり，事実，判例実務は，依然として，三徴候説に依拠しています。

第18講 自殺関与罪・同意殺人罪

1 序 説

　カミュは,「真に重大な哲学上の問題はひとつしかない。自殺ということだ。」(『シーシュポスの神話』(清水徹訳〔新潮文庫〕12頁)) と喝破しましたが,真に重大な刑法上の問題は,自殺に関与する者の処罰についてです。202条は,自殺教唆,自殺幇助,嘱託殺人,承諾殺人の4類型を規定しています。前2者を自殺関与罪,後2者を同意殺人罪と総称できます。自殺とは,みずから自分の生命を断つことをいい,自殺(未遂)は犯罪とされていません。それでは,自殺不処罰の実質的な根拠はどこにあるのでしょうか〈各15頁以下〉。自殺は自己決定権の行使であるとして,自殺を適法と解する見解もありますが,自己決定権は死についてまで及ばないと考えますので,私は,自殺は一種の放任行為であると解するほかないように思います。これを犯罪論的に構成すれば,自殺は一般法的な意味で違法ですが,可罰的違法性がないと解することができます〈各16頁〉。

2 自殺関与罪・同意殺人罪の処罰根拠

　自殺適法説によれば,自殺関与は適法行為への関与となり,自殺関与罪の処罰根拠の説明をどうするかが問題となります。いくつかの考え方がありますが〈各16頁以下〉,自殺を適法と解する以上,自殺関与罪を,61条以下の教唆・幇助とは異なる独立教唆・独立幇助と位置づけざるを得ないように思います。これに対して,自殺違法説によれば,違法行為(ただし,構成要件に該当しない)への関与となり,自

殺関与罪の可罰性を説明することができます。自殺関与罪の刑が減軽されるのは，自殺関与者には自己決定権の行使はなく，したがって，違法減少はないですが，正犯（自殺者）が不可罰であることから，刑が減軽されていると解することができるでしょう〈各17頁〉。他方，同意殺人罪は，被殺者の嘱託・承諾があることによって，普通殺人罪の違法減軽類型と解することができます。

3　客　体

　本罪の客体は，自殺あるいは死の意味内容を理解できる者であり，かつ自由に意思決定をなす能力を有する者でなければなりません。したがって，幼児や精神障害者等は本罪の客体とはなり得ず，これらの者から言語上同意を得たとしても，同意殺人罪ではなく，殺人罪が成立することになります。

4　行　為

　自殺教唆とは，自殺の意思のない者に対し，自殺を決意させ，自殺を実行させることであり，命令，哀願，勧誘等，教唆の方法はこれを問いません。自殺幇助とは，すでに自殺の決意を有する者に対し，その実行を援助して，自殺を実行させることをいいます。両者とも，自殺の実行は自殺者本人が行う場合です。前に述べたように，自殺教唆・幇助罪は共犯類型ですから，共犯の一般理論が妥当します。嘱託殺人とは，被殺者の依頼を受けて殺害することをいい，承諾殺人とは，被殺者から承諾を得て殺害することをいいます。

5　未　遂

　本罪の未遂は処罰されます（203条）。同意殺人罪の実行の着手時期は，普通殺人罪のそれと同様の時期に求められますが，自殺関与罪の

実行の着手時期については，先ほどの自殺関与罪の処罰根拠によって見解が分かれます〈各18頁以下〉。自殺適法説によれば，教唆行為・幇助行為が行われれば，実行の着手が認められ，未遂が成立することになり，自殺違法説によれば，共犯は正犯の実行をまって成立するという実行従属性の帰結として，自殺行為の開始時に実行の着手が認められることになるでしょう。

6　自殺関与罪・同意殺人罪と殺人罪の区別

　自殺の決意・殺人への同意は，第1に，死の意味を理解した同意でなければならないから，幼児や意思能力のない者などを利用して自殺させた場合には，同意は無効であり，被害者を利用する殺人罪の間接正犯が成立します。第2に，同意は任意でなされたものでなければならず，脅迫・威迫などの心理的な強制によって自殺者の意思決定を抑圧した場合には，殺人罪が成立します。「自殺強要殺人事件」〈各19頁〉を検討する必要があります。第3に，たとえば，偽装心中（追死する意思がないのにあるかのごとく装い，被害者をして追死するものと誤信させて自殺させた場合）のように，死ぬこと自体は認識し同意していましたが，その動機に錯誤があった場合，自殺関与罪・同意殺人罪が成立するか，殺人罪が成立するかが問題となります〈各20頁以下〉。判例は，被害者の死の決意は真意にそわない重大な瑕疵ある意思によるものであって殺人罪の成立を認めていますが，動機に錯誤はあるにせよ，被害者は自ら自由に死を選んだのであり，死そのものについての誤認はないから自殺関与罪の成立を認めるべきでしょう。「偽装心中事件」〈各21頁〉を検討する必要があります（図18-1）。

図18-1　心中

─ 合意心中＝202条

─ 無理心中＝199条

─ 偽装心中 $\lessgtr$ 199条？
　　　　　　 202条？

第 19 講　堕胎罪

1　序　説

堕胎罪（212 条以下）は，母体保護法による広い違法阻却によって，事実上非犯罪化されていますが，いくつか重要な問題があります。堕胎罪の保護法益は，自己堕胎が処罰されていることから，胎児の生命であり，自己堕胎より第三者堕胎が，同意堕胎より不同意堕胎が重く処罰されていることから，母体の生命・身体も 2 次的に保護法益に包含されます。罪質は，胎児（2 次的に母体）に対する侵害犯と抽象的危険犯との複合的なものと解され，また，堕胎罪は，故意犯のみ処罰されます〈各 21 頁以下〉。

2　堕胎の概念

堕胎とは，胎児を母体内で殺すか，あるいは，自然の分娩期に先立って人工的に胎児を母体から分離・排出することをいいます（判例・通説）。前者の場合は，胎児の生命に対する侵害犯であり，後者の場合は，胎児の生命に対する抽象的危険犯です。堕胎は胎児を母体外に排出させたときに既遂となり，母体内で殺害したときは，その時点で既遂となります。

3　排出された胎児の法的保護

問題は，自然の分娩期に先立って母体外に排出された胎児が生命機能を有していた場合に，これを作為または不作為で死亡させた行為につき，殺人罪（あるいは遺棄致死罪）が成立するかです〈各 26 頁以下〉。

判例は，堕胎罪と殺人罪（あるいは遺棄致死罪）の併合罪を認めています。しかし，生命機能を有していたとしても，「生育」可能性がある場合とない場合とがありますから，これらを分けて判断すべきです。生育可能性がある場合には，「人」としての保護に値する以上，作為であれ不作為であれ，死亡させた行為につき殺人罪（あるいは遺棄致死罪）の成立が認められ，生育可能性がない場合には，不作為で死亡させた行為につき，作為可能性がなければ，作為義務違反は肯定できず，殺人罪（あるいは遺棄致死罪）は不成立となり，作為で死亡させた場合には，生育可能性を考慮する必要はなく，生命機能がある以上，殺人罪（あるいは遺棄致死罪）の成立を認めるべきでしょう。母体保護法により適法な人工妊娠中絶によって母体外に排出された胎児が生命機能を有していた場合に，これを作為または不作為で死亡させた行為についても，同様に考えることができます。

4　胎児性致死傷

　胎児の段階で故意または過失によって胎児に侵害を加え，出生により人となった段階で傷害・死亡の結果が発生した場合に，人に対する罪（殺人罪，傷害致死罪，過失致死罪など）が成立するかという問題があります。「熊本水俣病事件」〈各 28 頁〉において，最高裁は，現行刑法上，胎児は母体の一部を構成するものと扱われており，胎児に病変を発生させることは，人である母体の一部に対するものとして，人に病変を発生させることであり，胎児が出生し人となった後，病変に起因して死亡するに至った場合は，人に病変を発生させて人に死の結果をもたらしたことになるとして，業務上過失致死罪の成立を認めました。最高裁は，胎児は母体の一部であるとして，母体傷害説を採用するものですが，現行刑法は，人と胎児を峻別し，自己堕胎を自傷行為として不可罰としておらず，212 条によって処罰していることから，

母体傷害説は成り立たない考え方だと思います〈各29頁〉。したがって，胎児性致死傷については，「人」に対する罪の成立を否定するのが妥当でしょう。

第 20 講　遺棄罪

1　序　説

　遺棄罪というと，深沢七郎の『楢山節考』を思い出します。これは「姥捨山（うばすてやま）伝説」を小説にしたもので，いくつか映画化もされ，今村昌平監督のそれはカンヌ国際映画祭で賞を取りましたね，といっても誰も知らないので，この話は遺棄しておきますが（笑），最近では，児童虐待におけるネグレクトなどの行為につき，遺棄罪の成否が問題となっていますね。

　遺棄罪の保護法益については，生命・身体の安全であるとする見解と，生命の安全であるとする見解が対立していますが，218 条後段の不保護罪が「生存に必要な保護をしなかったとき」と規定し，遺棄とともに不保護罪も処罰しており，遺棄罪一般において生命が保護法益であると解されることから，本罪の保護法益は生命の安全と解するべきでしょう〈各 30 頁以下〉。遺棄罪は危険犯ですが，抽象的危険犯か具体的危険犯かについて争いがあります。遺棄罪の構成要件には危険の発生が規定されておらず，具体的な危険の発生を必要としないことから，抽象的危険犯と解するべきでしょう。

2　客　体

　単純遺棄罪（217 条）の客体は，「老年，幼年，身体障害又は疾病のために扶助を必要とする者」とされていますが，この条文を読む場合，「のために」の後のところで，息継ぎしてください。老年者自体が客体となるわけではありません。「元気はつらつオロナミンＣドリンク

状態」の高齢者はたくさんいます（笑）。「ために」とは原因のことです。したがって，保護責任者遺棄罪（218 条）の客体は，「老年者，幼年者，身体障害者又は病者」とされていますが，「扶助を必要とする」という限定は，これらの客体すべてに当然付与されます。「扶助を必要とする」とは，他人の扶助を得なければ，自ら日常生活を営む動作をすることが不可能または著しく困難なことをいいます。要するに，老，幼，身体器官の不完全，肉体的な疾患（精神障害，泥酔，負傷，飢餓など）が原因となって（制限列挙），扶助を要する状態にある者が，単純遺棄・保護責任者遺棄罪の客体となり，手足を縛られた者，道に迷っている者，熟睡中の者，溺れかけている者，妊娠している者などは含まれません〈各 32 頁〉。

3　行　為

　難しいのは，「遺棄」概念の問題です。単純遺棄罪においては「遺棄」，保護責任者遺棄罪においては「遺棄」と「不保護」が行為であり，両罪の遺棄の概念内容が異なるのか同じなのか，遺棄と不保護の関係はどのようなものかについては複雑な争いがあります〈各 33 頁〉。従来の通説は，まず，遺棄とは，場所的離隔を生じさせることにより要扶助者を保護のない状態に置くことをいい，不保護とは，場所的離隔によらずに要扶助者を保護しないことをいうとして，遺棄と不保護を場所的離隔の有無によって区別します。次に，それを前提として，遺棄概念を，移置（安全な場所から危険な場所に移転させる場合）と，置き去り（危険な場所に遺留して立ち去る場合）に 2 分し，前者を作為による遺棄，後者を不作為による遺棄と解しています。この立場からは，単純遺棄罪における遺棄は「移置」を意味し，保護責任者遺棄罪における遺棄は「移置」と「置き去り」を意味するという帰結に至ります。なぜなら，置き去りは不真正不作為犯ですから，作為義務が必

要となり，保護責任者のみが犯罪主体となり得るからです。この見解は，作為義務と保護責任とを同一内容のものとして理解するわけです。判例も同様な立場を採用しています。しかし，不作為による移置および作為による置き去りもあり得るのみならず，「遺棄」概念の相対性を認めることは，217条と218条で同じ「遺棄」という文言が使用されていること，また，作為義務と保護責任とは異なる内容を有することから疑問です。遺棄と不保護は場所的離隔によって区別されるべきであり，単純遺棄罪および保護責任者遺棄罪に共通して，作為による場合と作為義務のある者の不作為による場合が含まれると解するべきでしょう〈各34頁〉(図20-1)。

図20-1　遺棄概念

（判例）
217条＝移置
218条＝移置＋置き去り
→保護責任＝作為義務

217条＝作為＋不作為
218条＝作為＋不作為
→217条＝作為義務
　218条＝保護責任

4　保護責任

　保護責任者遺棄・不保護罪においては，「保護する責任のある者」(保護責任者) が行為主体であり，ここでの保護責任とは，生存に必要な保護をなすべき法律上の責任です〈各35頁以下〉。判例・通説のように，保護責任と作為義務とを同一内容と理解するならば，保護責任の発生根拠は，作為義務の発生根拠によって決定されることになります。したがって，一般論としては，法令・契約・一般規範という形式的法義務，あるいは，引き受けや排他的支配などの実質的法義務が問題と

なります。しかし，作為義務と保護責任は区別されるべきであり，保護責任は，作為義務とは異なる主体限定の要件です。たとえば，強度の支配関係がある場合などに限定されるべきでしょう。保護責任者が作為義務者よりも刑が加重される根拠は，密接な人的関係があることから，責任が重いという点に求められるからです。

5　遺棄等致死傷罪

　本罪（219条）は，単純遺棄罪または保護責任者遺棄罪の結果的加重犯であり，遺棄行為・不保護行為と傷害結果・死亡結果との間には，危険の現実化という因果関係が必要です。問題は，殺意または傷害の故意がある場合には，殺人罪または傷害罪・傷害致死罪が成立するのかが問題となります。判例は，殺意をもって遺棄した場合には，殺人罪の成立を認め，保護責任者遺棄致死罪は殺人罪に吸収されて成立しないとする傾向にあります〈各40頁〉。しかし，遺棄罪の成立を基礎づける危険と殺人罪を基礎づける危険とは程度が異なるのであり，行為（不作為）時の危険が生命に対する具体的危険なのか，生命に対する比較的軽度の危険なのかという点が考慮されるべきであると思います。とすれば，殺意があった場合にも，保護責任者遺棄致死罪の成立にとどまる場合もあるでしょう。

第 21 講　暴行罪・傷害罪

1　序　説

　これまでは「生命に対する犯罪」でしたが，今回からは「身体に対する犯罪」に入ります。刑法上，各種の犯罪において「暴行」という語が使用され，次の4種類に分類されています。最広義の暴行は，人のみならず，物に対する物理力の行使を含み（たとえば，騒乱罪），広義の暴行は，人に向けられた物理力の行使をいい，いわゆる間接暴行を含み（たとえば，公務執行妨害罪），狭義の暴行は，人に対する物理力の行使をいい（暴行罪），最狭義の暴行は，人に対する物理力の行使が人の反抗を抑圧する程度であることを要するものをいいます（たとえば，強制性交等罪，強盗罪）〈各43頁〉。暴行によって人が負傷した場合には，結果的加重犯として，傷害罪が成立します（死亡した場合には傷害致死罪が成立）。

2　暴行の意義

　暴行罪（208条）における暴行は，狭義の暴行，すなわち，人の身体に対する物理力の行使です。暴行の典型例は，殴る，蹴る，突く等ですが，必ずしも傷害の結果を惹起する性質のものであることを要しません。さらに，音波（音声・音響），光，熱，冷気などによる作用も含まれます。問題は，腐敗物や有毒飲食物を食べさせる行為，病毒（たとえば，性病）を感染させる行為，催眠術の施用，麻酔薬の使用，詐称誘導などが暴行といえるかどうかですが，物理力を物理的作用，化学的作用，生理的作用にまで拡大することが限界であり，それ以外は，

暴行には含まれないと解するべきでしょう〈各44頁〉。

3　暴行概念の限定 —— 身体への接触の要否

　判例によれば，物理力の行使が人の身体に接触することは不要であり，したがって，驚かす目的で人の数歩手前を狙って投石する行為，椅子を投げつける行為なども暴行にあたります〈各44頁以下〉。また，車両による幅寄せ行為，追い越し・割り込み行為などを行う執拗な追跡行為等も暴行にあたります。これに対して，身体に接触することを要するとする立場も有力に主張されています〈各46頁〉。しかし，この立場では，たとえば，石を投げたが，頭上すれすれに飛んでいった場合や相手が接触を回避した場合に不可罰となり，その結論は妥当ではないでしょう。暴行概念の限定は，絶対的軽微性に基づく可罰的違法性の不存在（構成要件不該当）によるべきでしょう。

4　傷害概念

　傷害の意義については争いがありますが，判例・通説は，人の生理機能の侵害と解する生理機能障害説を採用しています〈各47頁〉。傷害の手段に限定はないことから，暴行以外の無形的方法による傷害も可能です。たとえば，脅迫してノイローゼ等の精神障害を生ぜしめたり，子供に必要な食物を与えないで健康状態を悪化させる場合がこれにあたります。とくに問題となるのは，性病を秘しての性交，欺罔による服毒などのように，病原菌や毒物の使用の場合に，暴行による傷害であるか，暴行によらない傷害であるかという点です。これらの行為も身体に対する物理力の行使であるとして暴行による傷害とする見解もあります。しかし，物理力の行使であるか否かは，暴行と脅迫の区別，過失暴行（不可罰）と過失致傷（可罰）の区別，暴行を手段とする各犯罪構成要件の限界設定などにとって重要な意味があり，暴行

概念の拡大は慎重でなければならないでしょう〈各50頁以下〉。したがって，これらの行為は暴行によらない傷害と解するべきでしょう。傷害罪における傷害の程度については，判例は，基本的に，軽微なものでも傷害罪の成立を認めています。

5　傷害罪の主観的要件

　傷害罪（204条）には，傷害の故意をもって傷害の結果を生ぜしめた場合（故意犯）のほかに，暴行の故意をもって傷害の結果を生ぜしめたような暴行致傷型の場合（結果的加重犯）も含まれます〈各53頁〉。暴行以外の手段による傷害の場合は，傷害の故意を必要とします。なお，傷害未遂については処罰規定を欠いていますが，暴行を手段とする傷害未遂は暴行罪として処罰されます。すなわち，傷害未遂が暴行罪とされるのは，暴行を手段とする傷害の場合に限定され，暴行以外の手段による傷害未遂の場合は，暴行罪として処罰することはできません。

6　傷害致死罪

　本罪（205条）は，傷害罪の結果的加重犯であり，また，傷害罪は暴行罪の結果的加重犯でもありますから，本罪は，暴行罪の二重の意味での結果的加重犯でもあります。結果的加重犯を「かちょうはん」というか「かじゅうはん」というか論争があります。結論はどちらでもいいのですが（笑），重い場合は「かちょう」，重なる場合は「かじゅう」だとすれば，「かちょう」ですね。もっとも，重箱（じゅうばこ）は重いのでしょうか，重なっているのでしょうか。私は「かちょう」の方が美しいと感じます。「かちょうふうげつ（花鳥風月）」というではないですか（笑）。それはともかく，結果的加重犯ですから，結果である死に対し故意のない場合であり，判例は，基本犯と死の結果との間に因果関係があれば足りると解していますが，通説は，死の結果

に対して過失を要求しています〈各 54 頁〉。

7　同時傷害の特例

　207 条の「同時傷害の特例」をどう理解するかは難しい問題ですが，同時傷害罪という構成要件を規定したものではなく，「共犯の例による」ということで，60 条を指示する制裁（媒介）規範といえるでしょう。なお，ここでいう「共犯」とは，実行行為を共同する場合なので「共同正犯」のことをいいます。本条は，暴行の同時犯により，同一の被害者を傷害した場合の処罰に関する特則であり，数人が意思疎通なしに，時間的場所的に近接して，同一人に対して，競合する暴行を加えて傷害を生じさせた場合に，①いずれも傷害を負わせているが，誰がどの程度の傷害を与えたのか，その軽重がわからないとか，②その傷害が誰の暴行による結果なのかわからないというとき，本条によって，全員に対して傷害罪の共同正犯としての責任を負わせるものです〈各 56 頁以下〉（図 21-1）。

図 21-1　同時傷害の特例

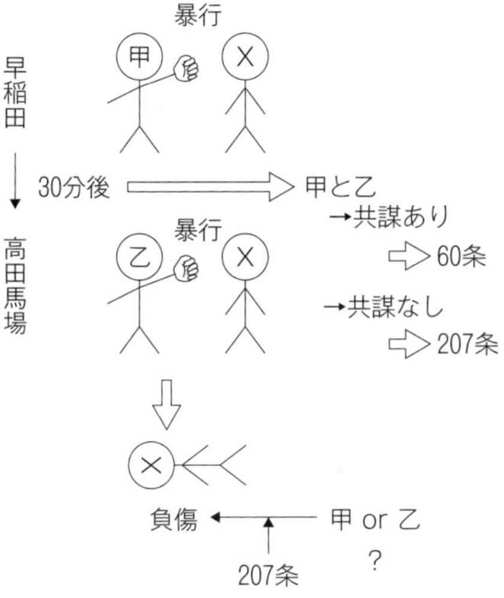

　本条の性格は，第1に，「因果関係の推定」であり，因果関係の挙証責任を転換したもので，自己の行為と傷害結果との因果関係がないことを反証すれば，結果について責任を負わないことになります。第2に，「共同正犯の擬制」であり，意思疎通がないにもかかわらず共同正犯とみなされ，したがって，意思疎通がないことは反証とはなりません。

　本条の適用要件としては，第1に，同一被害者に対し暴行が傷害を生じさせ得る危険性を有するものであること，第2に，各人の暴行が外形的に共同実行に等しいと評価できるような状況で行われたことが必要です。

　本条の適用範囲について，まず第1に，傷害致死罪についてもその適用が許されるか否かが問題となります〈各59頁以下〉。判例は，これを肯定しています。「ぼったくりバー事件」〈各60頁〉が重要ですので，検討する必要があります。本条は刑法の基本原理に対する重大な例外規定ですから，その適用は厳格でなければならず，また，本条は，暴行と傷害の限度において（「傷害した場合」という文言），例外的に処罰を拡張した規定であることから，否定説が妥当でしょう。もっとも，私の考え方は，207条によって傷害罪の共同正犯となり，60条によって，傷害致死罪の共同正犯を認めるというものです。第2に，本条が，承継的共同正犯において，後行者に傷害の責任を問えない場合に，本条を適用して傷害の責任を問うことができるかという適用問題〈各60頁以下〉，第3に，共犯関係の解消（離脱行為）の場合の適用問題〈各61頁〉，第4に，共謀共同正犯の成立が認められない場合における適用問題〈各62頁〉などがありますので，検討する必要があります。

第22講　危険運転致死傷罪

1　序　説

　平成13年の刑法の一部改正により，危険運転致死傷罪が新設され，平成16年の改正で法定刑の上限が引き上げられ，その後，自動車運転による死傷事犯に対する罰則の見直しの結果として，平成25年に，いわゆる「自動車運転死傷行為等処罰法」が公布され，危険運転致死傷罪は特別刑法として位置づけられました〈各74頁以下〉。最近では，あおり運転に関連する本罪の成否が問題となっていますね。

2　行為類型

　本法2条は，次の6つの行為類型を規定しています〈各77頁以下〉。①アルコールまたは薬物の影響により正常な運転が困難な状態であった場合（アルコール・薬物影響類型），②進行を制御することが困難な高速度であった場合（高速度類型），③進行を制御する技能を有しない場合（進行制御技能無し類型），④人または車の進行を妨害する目的で，走行中の自動車の直前に進入し，その他通行中の人または車に著しく接近し，かつ，重大な交通の危険を生じさせる速度の場合（妨害類型），⑤赤色信号またはこれに相当する信号をことさらに無視し，かつ，重大な交通の危険を生じさせる速度の場合（赤色信号ことさら無視類型），⑥通行禁止道路を進行し，かつ，重大な交通の危険を生じさせる速度の場合（通行禁止道路進行型）がこれです。さらに，3条では，準危険運転致死傷罪が規定されています。

　本罪の主体は，自動車の運転者です。本罪の基本行為は，道交法違

反行為のうちでも高度に危険な故意の危険運転行為ですから，当該危険運転行為を，過失運転致死傷罪として捕捉すべきか，あるいは，本罪の基本行為として捕捉すべきかが問題となります。本罪の基本行為である危険運転行為は道交法に違反するものですが，本罪が成立した場合は，道交法違反は，法条競合により，その適用は排除されます。危険運転行為は，道交法違反罪の重い形態を基本行為として構成要件化したものだからです。本罪は，暴行罪が成立する場合も含んでいますから，これも独立に成立しませんが，殺意がある場合は，殺人罪が成立します。傷害の故意がある場合には，これらの罪が成立するという見解もありますが，危険運転致死傷罪は，204 条の傷害罪，205 条の傷害致死罪の特別類型ですから，本罪だけが成立すると解するべきでしょう。

第 23 講　脅迫罪

1　序　説

　今回からは「自由に対する犯罪」です。自由の意味内容は多種多様で捉えどころがありません。「自由とは何か」という問題は，哲学的問題だけに，永遠の謎かもしれません。人間に「自由」など存在せず，すべて「宿命」ではないかとも思いますが，話が長くなるので別の機会にお話ししましょう。しかし，青春真っ只中のみなさんには，サルトルの「人間は自由の刑に処せられている。」(サルトル『実存主義とは何か』(伊吹武彦訳 [人文書院] 51頁) という言葉を贈ります。つまり，「君は自由だ。自由に選択しろ，決定しろ。」ということですね。

　いずれにせよ，多種多様な自由概念のうち，刑法上は，一定の基本的な自由だけが保護されています。まずは，脅迫罪 (222条) です〈各89頁以下〉。脅迫罪の保護法益については，私生活上の平穏ないし安全感と解する見解と，意思決定の自由と解する見解が主張されています〈各90頁〉。両説の対立は，「法人に対する脅迫罪の成否」の問題に影響してきます。前者からは，法人には安全感が認められないことを理由に否定され，後者からは，法人の機関を媒介として意思決定をなし得ることから肯定されることになります。強要未遂罪が別個構成要件化されていますから，脅迫罪を強要未遂と同置することはできず，やはり，脅迫罪独自の犯罪性が示されなければならないでしょう。とすれば，前者の見解が基本的に妥当であり，法人に対する脅迫罪の成立は否定されるべきでしょう。

2　行為・故意

　脅迫とは，一般には，人を畏怖させるに足りる害悪の告知をいいます。告知が相手方に到達して認識されたことは必要ですが，それによって実際に相手方が畏怖したことまでは必要としません。他人を畏怖させるために，本人またはその親族の生命・身体等に対する加害の告知を認識することを要します。

3　加害の対象

　加害の対象は，本人（相手方）またはその親族の生命，身体，自由または財産です。これは，罪刑法定主義の観点から制限列挙と解するべきです。もっとも，貞操や信用も自由や名誉に含まれると解することができます。親族の範囲は民法の規定（725条）によるため，内縁の妻（夫）や恋人のように，本人と密接な関係にあっても，これらの者は含まれません。「おまえの恋人を殺すぞ」は脅迫にならず，「おまえの飼犬を殺すぞ」は，飼犬は財産なので脅迫に当たります。また，脅迫は相手方またはその親族の法益に対する加害の告知でなければならないですから，第三者のそれに対する加害の告知（第三者脅迫）は脅迫罪を構成しません。なお，前に述べた，法人に対して脅迫罪が成立するか否かについて，判例は，脅迫罪の客体は自然人に限定され，法人に対する脅迫罪を否定しています〈各92頁以下〉。

4　告知される加害の内容

　加害は，将来の害悪であって，告知者が直接・間接にその惹起を支配・左右し得るものとして告知されなければなりません。単なる警告は本罪を構成しません。適法な事実の告知について，判例・通説は，必ずしも犯罪行為でなくてもよいと解していますが，実際に実現させても適法となる事実が，それを予告する場合には違法となるというの

は奇異であり，また，そのような事実の告知によって害される安全感を保護する必要はないことから，違法な事実の告知だけが脅迫にあたると解するべきでしょう。

5 加害告知の方法

　害悪の告知の方法には，制限がなく，口頭によると，書面によると，態度によると，第三者を介した場合であるとを問いません。なお，相手方が害悪の告知を知ったときに本罪は成立し，被告知者が現実に畏怖したことを要しません。

第 24 講 　 強要罪

1 　 序 　 説

　教養科目の単位を落とし続け，4 年生になってもまだとり続けている行為には「教養罪」が成立しますが（笑），ここでの強要罪（223 条）は，暴行・脅迫により，相手方に義務のないことを行わせ，または，権利の行使を妨害することによって成立する犯罪です〈各 96 頁以下〉。相手方の意思決定を拘束してその行動の自由を制約する犯罪ですから，本罪の保護法益は，意思活動の自由と解することができます。本罪は，侵害犯であり，意思活動の自由が侵害されることによって既遂となり，具体的危険が生じた段階で未遂となります。強要罪は，ほかの犯罪が成立しない場合に，仕方なく成立を認める受け皿的な犯罪類型ですので，多くの場合，考慮しなくていいでしょう。

2 　 行 　 為

　手段である脅迫・暴行（1 項の場合のみ）が本罪の行為です。脅迫は，脅迫罪にいう脅迫と同様であり，暴行は，相手方の意思に働きかけて一定の作為・不作為を強制するのに適したものであればよいとされています。

3 　 結果（強制・妨害）

　脅迫・暴行により，被強要者の意思を抑圧し，義務のないことを行わせ，または，権利の行使を妨害したことが必要です。したがって，脅迫・暴行とこれらの結果との間に因果関係が存在すること，すなわ

ち，脅迫・暴行を加え，これにより相手方が畏怖心を生じ，その畏怖の結果として相手方が作為，不作為に出たことが必要であり，この因果関係が否定される場合には，強要未遂罪が成立し得るにすぎません。

「義務のないことを行わせる」とは，行為者に何の権限もなく，相手方に何の義務もないのに，相手方をして作為・不作為または認容を強制することです。「権利の行使の妨害」とは，相手方において法律上許されている作為・不作為に出ることを妨げることをいいます。

第 25 講　逮捕・監禁罪

1　序　説

　逮捕・監禁罪（220条）は，人の身体的自由，とくに身体的移動・行動の自由を侵害する犯罪であり，その保護法益は，「身体の場所的移動の自由」です。この自由の前提として，客体である人は身体的移動が可能でなければならず，かつ，移動する事実上の意思を持ちうる者でなければならないので，生後間もない嬰児や植物状態等による意識喪失者のように，まったく行動能力を有しない者は本罪の客体となりません。

　問題は，場所的移動の「自由」とは，いかなる内容を有するかという点にあります〈各101頁以下〉。この「自由」につき，現実に移動しようと思ったときに移動できる自由と解する「現実的自由説」と，移動しようと思えば移動できる自由と解する「可能的自由説」との争いがあります。判例は，基本的に可能的自由説の立場であり，たとえば，「連戻し目的偽計監禁事件」〈各102頁〉においては，被告人がX女をタクシーで連れ戻そうと行き先をだまして乗車中，X女が途中で気がつき停車を求めたが，被告人がそのまま直行してくれと命じたので，運転手は措置に迷い減速して走行中，X女が車外に逃げた事案につき，乗車した地点から逃走した地点までについて監禁罪の成立を認めました。

　両説の対立は，第1に，被害者が監禁状態を認識していなかった場合，第2に，被害者が監禁状態を認識していたが，移動意思を有しなかった場合に本罪が成立するか否かという点で問題となります。監禁

の認識については，不要説が妥当でしょう。一時的に意識を喪失している泥酔者や睡眠中の者も本罪の客体に含めるべきであり，さもないと，被害者を殴って気絶させてから閉じ込めた場合に，監禁罪の成立を認めないことになり，この帰結は妥当ではないでしょう。これに対して，移動意思の問題については，現実的自由説が妥当でしょう。

2　逮　捕

　逮捕とは，人の身体を直接に拘束して，場所的移動の自由を奪うことをいい，その手段，方法のいかんを問いません〈各104頁〉。もっとも，逮捕罪の成立を肯定するためには，「場所的移動の自由の侵害」と「直接的な拘束」が必要ですから，縄で縛っても移動の自由が可能であれば，暴行罪の成立にとどまります。逮捕罪が成立するためには，移動の自由を拘束したと認められる程度の時間その拘束が継続する必要があり，瞬間的に自由を侵害したにすぎない場合には，暴行罪の成立にとどまります。

3　監　禁

　監禁とは，一定の場所からの脱出を困難にして，移動の自由を奪うことをいいます〈各105頁〉。ここでいう「一定の場所」は，必ずしも壁や柵などによって囲まれた場所であることは必要ではなく，一定の地域や乗り物なども含まれます。監禁の手段として，有形的・物理的な方法のみならず，恐怖心や羞恥心を利用する無形的・心理的な方法による場合も含まれます。「不法に」とは，住居侵入罪における「正当な理由がないのに」と同様に，特別な意味はなく，逮捕・監禁が一般に許容される場合が多いことから（法令行為など），一般的な違法性の要件を確認しただけです。なお，人を逮捕し，引き続いて監禁した場合，包括して220条の単純一罪が成立するにすぎません。

4　逮捕・監禁致死傷罪

　本罪（221 条）は逮捕・監禁罪の結果的加重犯です〈各 107 頁〉。逮捕・監禁罪の未遂は不可罰ですから，本罪が成立するためには，逮捕・監禁罪が既遂に達していたことを要します。死傷結果は，逮捕・監禁の手段として用いた暴行・脅迫から生じた場合のほか，逮捕・監禁という事実から生じた場合でもかまいません。「トランク監禁致死事件」（図 3-4）〈総 145 頁〉を思い出してください。

第 26 講　略取・誘拐罪

1　序　説

　略取・誘拐罪（224 条以下）は，人をそれまでの生活環境から引き離し，自己または第三者の実力支配内に移す犯罪です〈各 108 頁以下〉。暴行・脅迫を手段とする場合が略取，欺罔・誘惑を手段とする場合が誘拐であり，両者を合わせて拐取と称します。本罪は，程度の低い自由侵害で足りること，また，生後間もない嬰児のように行動の自由をまったく有さない者も客体とされていることから，本罪における自由侵害としての性格はあいまいであり，そのため，本罪の保護法益の内容についての争いが生じます〈各 108 頁〉。本罪の保護法益について，判例は，被拐取者の自由のみならず，未成年者など被拐取者が保護・監護下にあるときは，監督者の監護権も法益であると解しています。しかし，監護権は未成年者の利益のために認められているのですから，これを独立の法益とすることには疑問があり，また，未成年者拐取罪については，自由に対する罪であるというよりも，被拐取者の身体の安全に対する罪としての性格が強いといわざるを得ず，したがって，本罪の保護法益は，「被拐取者の自由およびその安全」と解する見解が妥当でしょう。

2　未成年者拐取罪

　本罪（224 条）の主体には制限はなく，監護権者も主体となり得ます〈各 110 頁以下〉。これに対して，前述した，本罪の保護法益につき監護権・人的保護関係の侵害に重きをおく立場からは，監護権者は本

罪の主体から排除されることになるでしょう。行為は，略取と誘拐であり，人をその生活環境から離脱させて，自己または第三者の実力的支配下に移すことをいいます。

　前に述べた保護法益論との関連で，被拐取者と監護権者の意思が一致しない場合，すなわち，①監護権者の同意はないが，被拐取者の同意がある場合，②監護権者の同意はあるが，被拐取者の同意がない場合に，本罪の成立いかんが問題となります。①の場合，保護法益として監護権を重視する立場によれば，被拐取者の同意があっても本罪が成立することになりますが，被拐取者の自由・安全を保護法益と解するべきであり，これによれば，被拐取者の有効な同意があれば，本罪は成立しないこととなります。これに対して，②の場合には，被拐取者が同意していない限り，監護権者が同意していたとしても，本罪は成立することとなります（構成要件該当性を肯定）。もっとも，②の場合に，監護権者による正当な監護権の行使であると認められる場合，さらに，被拐取者に同意能力がなく，監護権者の意思だけが問題となる場合には，違法阻却の有無の問題とされるべきでしょう。これについては，2つの最高裁判例〈各112頁，各113頁〉がありますので，検討する必要があります。

第 27 講　性的自由に対する罪

1　序　説

　性犯罪については，大きな改正がありました〈各127頁，各135頁以下〉。強制わいせつ罪・強制性交等罪の保護法益は，個人の性的自由，性的自己決定権です。規定上も公然性を要件とせず，また，被害者が抵抗できない場合に関する準強制わいせつ罪・準強制性交等罪，結果的加重犯としての致死傷罪が規定されていることを考慮すれば，単に社会の風俗を害するにすぎないものではなく，個人的法益に対する罪であるといえるでしょう。

2　強制わいせつ罪

　本罪（176条）は，客体が13歳以上の者の場合には，暴行または脅迫を手段とすることが必要ですが，13歳未満の者の場合には，手段のいかんを問わず，かつ，同意があっても成立します。「わいせつな行為」とは，本罪の保護法益を性的自由と解する以上，被害者の性的自由を侵害するに足りる行為をいうことになるでしょう。13歳以上の者に対する場合は，暴行または脅迫を手段とすることが必要であり，同意があれば本罪は成立しません。暴行・脅迫は，強盗罪のように相手方の反抗を抑圧するまでの必要はないですが，反抗を著しく困難にする程度のものであることが必要です。暴行自体がわいせつ行為とみられる場合（性的暴行）にも，暴行による強制わいせつ罪が成立します。主観的要件については，故意とは別個に「性的意図」が必要か否かが問題となります。最高裁昭和45年判決〈各131頁〉は，これを

必要と解して，報復目的で女性を裸にして写真を撮った事案につき，強制わいせつ罪の成立を否定しました。これに対して，最高裁平成29年大法廷判決〈各132頁〉は，「行為者の性的意図を同罪の成立要件とする昭和45年判例の解釈は，……もはや維持しがたい。」として，判例変更を行いました。もっとも，本判決は，「性的意図」を強制わいせつ罪の故意とは別個の主観的要件とすることを否定しただけで，「わいせつな行為」（実行行為）を判断する際の考慮要素であることを否定したわけではありません（図27-1）。本判決の判断構造は3段階構造（A→B→C）になっています。すなわち，A＝行為に性的性質があるか否か（有無の問題），→B＝行為に性的意味があるか否か（a＝性的性質が明確な場合→性的な意味あり，b＝性的性質が不明確な場合→具体的状況等を考慮して判断（性的意図も一つの判断資料））（程度の問題），→C＝行為に可罰的違法性があるか否か，という判断構造です〈各133頁〉。

図27-1　性的意図

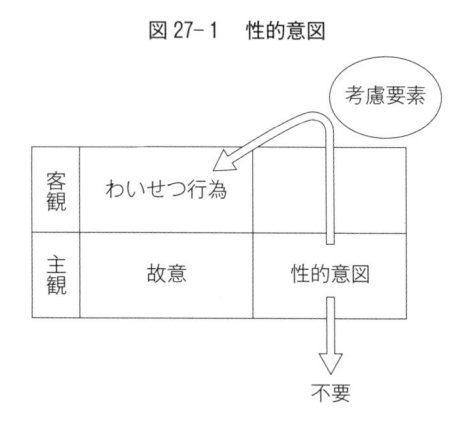

3　強制性交等罪

旧177条（強姦罪）は，女性を被害者とする性交（姦淫）のみを対

象としていましたが，新 177 条の強制性交等罪においては，行為者および被害者の性別は問わないこととされ，処罰対象となる行為に，性交のほか，肛門性交および口腔性交をも含むものとされました〈各 135 頁以下〉。本条の行為は，「性交，肛門性交又は口腔性交」であり，これらを合わせて，「性交等」と称します。本罪における暴行・脅迫は，必ずしも相手方の反抗を抑圧する程度のものであることを要せず，その反抗を著しく困難にする程度のものであれば足ります。

4　準強制わいせつ罪・準強制性交等罪

　本罪（178 条）は，暴行・脅迫の手段を用いずに，被害者の抵抗困難な状態を利用して，わいせつな行為（1 項），性交等（2 項）を行う場合を処罰するものです〈各 137 頁以下〉。本条 1 項・2 項の前段の「心神喪失若しくは抗拒不能に乗じ」とは，犯人の行為と無関係に存在する抵抗不能状態を利用する場合です。「心神喪失」とは，意識喪失（睡眠・泥酔など），高度の精神障害などによって性的行為につき正常な判断ができない状態にあることをいいます。「抗拒不能」とは，心神喪失以外の理由で，物理的・心理的に抵抗することが不可能または著しく困難な状態にあることをいいます。

5　監護者わいせつ罪・監護者性交等罪

　本罪（179 条）は，18 歳未満の者が生活全般にわたり自己を監督，保護している監護者に精神的・経済的に依存し，監護者が，このような依存関係から生じる影響力に乗じて，18 歳未満の者に対してわいせつな行為や性交等をすることは，強制性交罪等と同様に，これらの者の性的自由・性的自己決定権を侵害することから，新設されたものです〈各 141 頁以下〉。本罪の主体は，「その者（18 歳未満の者）を現に監護する者」であり，18 歳未満の者を監護する者という一定の身分

を有する者に限られており，本罪は真正（構成的）身分犯です。本罪の客体は，18歳未満の者であり，本罪の行為は，現に監護する者であることによる影響力があることに乗じてわいせつな行為または性交等をすることです。

6　強制わいせつ・強制性交等致死傷罪

　本罪（181条）は，強制わいせつ，準強制わいせつ，強制性交等，準強制性交等，監護者わいせつ，監護者性交等およびそれらの未遂の結果的加重犯です〈各144頁以下〉。死傷結果は，わいせつな行為・性交等から生じた場合のみならず，手段である暴行・脅迫から生じた場合を含みます。さらに，基本犯の遂行過程で生じた場合をも含むと解されています。判例は，基本犯に「随伴する行為」から死傷結果が生じた場合にも本罪の成立を肯定しています。「お前だれやねん事件」〈各144頁〉を検討する必要があります。

第28講　住居侵入罪

1　序　説

　住居侵入罪については，大学院時代の1年後輩の関哲夫さん（國學院大學教授）がずっと追求してきた研究テーマです。博士論文として『住居侵入罪の研究』（成文堂，1995年）が刊行され，次は違うテーマかと思いきや，『続・住居侵入罪の研究』（成文堂，2001年）が刊行され，もうこれで完成かと思いきや，『続々・住居侵入罪の研究』（成文堂，2012年）が刊行されたのには，「アッと驚く為五郎」でした（笑）。それはともかく，住居侵入罪は，犯罪それ自体としては軽微な犯罪ですが，刑法学上きわめて重要なのです。それは，住居侵入罪の保護法益をどう理解するかが悩ましい問題となっているからです〈各147頁以下〉。

　本罪の保護法益について，住居等に対する事実上の支配・管理権，すなわち，住居等に誰を立ち入らせるかの自由と解する住居権と解する見解（住居権説）と，住居等の事実上の平穏であると解する見解（平穏説）が対立しています。判例は，戦前，封建的な住居権説を採用していましたが（旧住居権説），戦後になって，まず平穏説的な考え方を採用しました。しかし，その後，「郵便局立ち入り事件」〈各148頁〉において，最高裁は，侵入の意義を「管理権者の意思に反する立ち入り」と解して，住居権説を新たに打ち出しました（新住居権説）。このような最高裁の立場は，さらに，「自衛隊立川宿舎事件」〈各149頁〉や「亀有マンション事件」〈各149頁〉において明確化されました。

　住居侵入罪を個人的法益に対する罪と解する以上，住居者・管理権

者の意思を超えた住居・建造物それ自体の平穏を保護法益とすることはできないでしょう。さらに，不退去罪は住居権者の退去命令に反することによって成立し，住居の平穏は問題とならないことから，平穏説は，住居侵入罪と不退去罪とを統一的に理解できない結果となります。本罪の保護法益は，住居・建造物等に対する事実上の支配・管理権，すなわち，住居・建造物等に誰を立ち入らせるかの自由と解するべきでしょう。

2 客 体

本罪（130条）における「住居」は，放火罪における住居とは異なり，起臥寝食に使用される場所に限定される必要はなく，日常生活に使用するために占拠する場所と解するべきでしょう〈各151頁〉。人の住居における「人」とは，行為者以外の者をいいます。死者は「人」に含まれず，死者には住居権を認めることはできないので，居住者を全員殺害した後に侵入しても，住居侵入罪は成立しません。

なお，住居については，性質上当然に管理がなされていることから，「人の看守」は要求されていません。住居以外の客体の場合は，「人の看守する」ものでなければなりません。「人」とは，看守者であり，建物の管理者であり，「看守」とは，事実上管理・支配していることをいいます。「邸宅」とは，住居の用に供される目的で作られた建造物のうち，現に住居に使用されていないものをいい，「建造物」とは，屋根，壁，柱があって土地に定着し，人の起居出入りに適した構造をもった工作物のうちで，住居と邸宅をのぞいたものをいいます。住居，邸宅および建造物については，建物部分のほかそれに付属する囲繞地も客体に含まれます。判例は，邸宅は，居住用の建造物および囲繞地からなるとされ，住宅の囲繞地も邸宅とされ，建造物には囲繞地も含まれると解されています。

3　行　為──侵入

　本罪の行為は「侵入」です〈各155頁以下〉。侵入の意義は，平穏説によれば，住居等の平穏を害する態様での立ち入りをいい（平穏侵害説），住居権説によれば，住居者等の意思に反して住居等に立ち入ることをいいます（意思侵害説）。侵入といえるためには，行為者の身体の全部が住居等に入ることが必要であり，住居等のドアの鍵を開けようとしていた段階，塀を乗り越えようとしていた段階などの場合は，未遂にすぎません。

4　住居権者（管理権者）の同意

　前に述べたように，住居権者の意思に反して立ち入ることが侵入であることから，住居権者の同意がある場合には，本罪の構成要件該当性が認められません。この同意は，明示的な同意のみならず，黙示的な同意でもかまいません。また，一般に公開されている建造物については，一般的・包括的な同意で足りると解されていますが，この場合にも，包括的同意から個別的な同意を推定するわけですから，推定的同意の問題といえるでしょう。

　第1の問題は，住居権者が複数存在し，それぞれの意思が対立する場合です〈各157頁以下〉。この場合，同意に基づいて立ち入りを認めることが，立ち入りを拒否する居住者の住居権を実質的にどの程度侵害したかという点，および，同意の意思と拒否の意思のいずれに要保護性が認められるかという点から判断されるべきでしょう。

　第2の問題は，錯誤に基づく同意の場合に，本罪が成立するか否かです〈各158頁以下〉。判例は，錯誤に基づく同意を広く無効として，本罪の成立を肯定しています。住居侵入罪の保護法益を「住居等への立ち入りを認めるか否かの自由」に求める以上，立ち入り自体について錯誤がない場合には，真意に反するとしても，同意は有効と解する

べきでしょう。この意味で，法益関係的錯誤の有無は1つの基準となり，とくに外観上判断可能な属性についての錯誤の際に適用されます。たとえば，夫と見間違えた妻の錯誤に乗じて住居に立ち入った場合，偽造の入場券や会員証を提示して立ち入る行為は，違法目的の有無にかかわらず，同意は無効ですが，正規の入場券や会員証を有する者が違法目的を隠して立ち入ったとしても，同意は有効と考えます〈各159頁〉。判例は，一般に立ち入りが許容されている場所（デパート，ホテルのロビー，官公庁，展示会場等）への立ち入りについても，目的が違法である場合には広く本罪の成立を認めています。

5　不退去罪

　不退去罪（130条後段）は，住居権者の同意を得て住居等に入った者が，退去の要求を受けたにもかかわらず退去しない場合に成立します〈各160頁〉。本罪は真正不作為犯であり，退去しないという不作為が継続している限り，違法行為は継続しますから，継続犯です。退去要求がなされた後，退出に必要な時間が経過した時点で成立します。退去の要求をなす権限を有する退去要求権者は，居住者・看守者またはこれらの者から授権された者です。不当な退去要求に対しては退去義務は生じないものと解され，退去要求は正当なものでなければならないでしょう。

第29講　名誉毀損罪

1　序　説

　名誉毀損罪（230条）の学習においては，刑法総論の理解が必要となります。総論は「So long!」ということで「さよなら」してる諸君もいるかもしれませんね（笑）。とくに「真実性の誤信」の問題については，なかなか理解が難しいですが，焦らずじっくりいきましょう。

　名誉毀損罪の保護法益は「名誉」ですが，名誉の概念は，①内部的名誉（本人に内在する人格的価値・人の真価），②外部的名誉（他者による評価・承認［人に対する社会的評価］），③名誉感情（本人が自己に対して主観的に抱いている主観的名誉・名誉意識）に分かれています〈各167頁〉。このうち，①の内部的名誉は，他人によって侵害することは不可能なものですから，本罪の保護法益から除外され，判例・通説は，名誉毀損罪も侮辱罪（231条）もともに，②の外部的名誉と解し，両者の差異は，「事実の摘示」の有無に求めています。本罪は，被害者の社会的評価を低下させるに足る事実を公然と摘示すれば，その時点で既遂に達し，被害者の外部的名誉が侵害されたことは必要ではありません。その意味で，本罪は抽象的危険犯です〈各169頁〉。

2　客　体

　本罪によって保護される外部的名誉は，人についての事実的評価（現実に通用している評価）であり，これを事実的名誉といいます〈各171頁〉。これに対して，本来あるべき評価である規範的名誉が対置され

ますが，230条は「その事実の有無にかかわらず」名誉毀損罪の成立を認めていることから，わが国の刑法は事実的名誉を保護する立場に立っており，したがって，「虚名」も保護されることになります。しかし，230条の2によって，事実の真実性が証明された場合には不可罰となり，その限度で，規範的名誉が保護されているといえるでしょう。死者の名誉毀損罪は，「虚偽の事実を摘示」した場合にのみ処罰の対象となります（本条2項）。本罪の保護法益は死者自身の名誉と解されています。

3　行　為

　本罪の行為は，公然と事実を摘示して人の名誉を毀損することです〈各172頁〉。「公然と」とは，不特定または多数人が認識し得る状態をいいます。「不特定」とは，相手方が特殊の関係によって限定された範囲に属する者でないことをいい，公開の場所や公道における演説会，新聞や雑誌による事実の摘示をいいます。「多数人」とは，単なる複数ではなく，相当の多数を意味するものとされています。判例は，直接には特定かつ少数人に対する場合であっても，それが不特定多数人へと伝播する可能性のあるときは，「公然」に当たると解しています（伝播性の理論）。「事実を摘示」するとは，人の社会的評価を低下させるに足りる具体的な事実を表示することをいい，人格的価値にかかわる事実のみならず，プライヴァシーに属する事実をも含みます。摘示された事実は，必ずしも非公知のものであることを要せず，公知の事実であってもかまいません。「毀損」とは，人の社会的評価を低下させるおそれのある状態を発生させることをいい，現実にこれを低下させたことは必要ではありません。

4　事実の証明

　230 条の 2 は，230 条による事実的名誉の保護と憲法 21 条で保障される表現の自由との調和を図るため，「公共の利害に関する場合の特例」として，一定の要件の下に真実性の証明を許し，証明できた場合には免責を認める規定です。本条の特徴は，名誉毀損罪の犯罪性を阻却する実体法的命題を予定しつつ，真実性の立証を許すための要件を規定した訴訟法規であるという点にあります〈各 176 頁〉。

　「事実の公共性」とは，多数一般の利害に関する事実，すなわち，公共の利益に役立つ事実をいいますが，表現の自由との関連を考慮すれば，「市民が民主的自治を行う上で知る必要性がある事実」と定義されるべきでしょう。問題は，個人のプライヴァシーに関する事実（身体的・精神的障害，病気，血統，性生活など）が「事実の公共性」にあたるか否かです。「月刊ペン事件」〈各 177 頁〉において，私人の私生活上の行状であっても，そのたずさわる社会的活動の性質およびこれを通じて社会に及ぼす影響力の程度などのいかんによっては，その社会的活動に対する批判ないし評価の一資料として，「公共の利害に関する事実」にあたる場合があると判示されました。

　「目的の公益性」が，事実摘示の動機（主観的要件）として要求されています。「その目的が専ら公益を図る」とは，公益を図ることが主たる動機であればよいとされています。

　なお，本条 2 項は，公訴提起前の犯罪行為に関する事実は，「公共の利害に関する事実」にあたるものと擬制しています。本条 3 項は，公務員または公選による公務員の候補者に関する事実については，「事実の公共性」と「目的の公益性」を擬制し，真実性の証明があれば処罰されません。

　真実性の証明は，以上の要件が満たされた場合に許され，裁判所は職権調査義務を負うことになります。真実性の証明においては，挙証

各　　論　　個人的法益に対する罪

責任は被告人にあります（図29-1）。

図29-1　真実性の証明

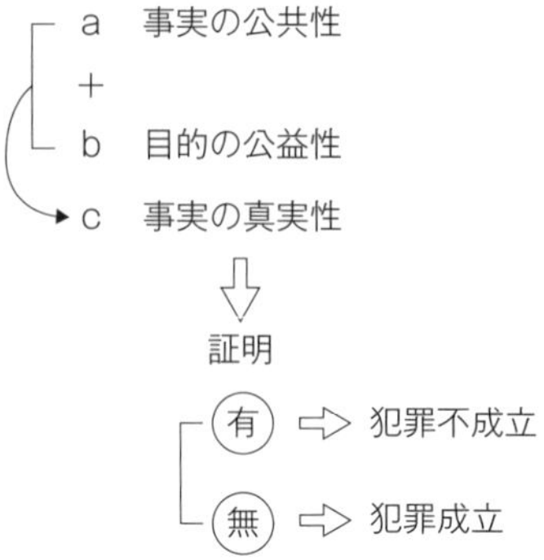

　　230条の2の法的性格について，当初の判例の立場は，事実の摘示により名誉毀損罪は成立するが，真実性の証明により処罰のみが阻却されるという見解でした（処罰阻却事由説）。この立場は，名誉毀損罪が「事実の有無にかかわらず」成立するという230条に適合し，また，被告人に挙証責任を転換させたこととも調和しますが，真実性の誤信の場合に，犯罪の成立要件ではないことから，犯罪の成否とは無関係という点に問題がありました。しかし，その後，判例変更が行われ，真実性の証明がなされなかった場合でも一定の条件の下に免責を肯定しました。「夕刊和歌山時事事件」〈各181頁〉において，事実が真実であることの証明がない場合でも，行為者がその事実を真実であると誤信し，その誤信したことについて，確実な資料，根拠に照らし相当の理由があるときは，犯罪の故意がなく，名誉毀損の罪は成立しないと判示されました。通説は，230条の2は，名誉の保護と表現の自由との調和を図り，表現の自由が優越する場合に，名誉毀損罪の違法性を阻却する規定であると解しています（違法阻却事由説）。

　　違法阻却事由説によれば，「真実性の誤信」については，違法阻却

130

事由の錯誤として処理されることになります〈各 183 頁以下〉。この前提として，阻却事由の内容が問題となり，これを「事実の真実性」とするならば，行為者が事実を真実だと思ったときはつねに故意が阻却されることになってしまいます。そこで，230 条の 2 を，事実の虚偽性を認識しなかったことについての過失を処罰する規定として理解する見解や，違法阻却事由説に立ちつつ，阻却事由の内容を「事実が証明可能な程度に真実であったこと」として，証明可能な程度の資料・根拠をもって真実と誤信したときは，違法阻却事由の前提事実に関する錯誤として故意を阻却すると解する見解もあります〈各 184 頁〉。私は，230 条の 2 は処罰阻却事由を規定したものと解して，真実性の誤信の法的処理は，責任論・錯誤論のレベルではなく，違法論のレベルで行うことが妥当と考えます。すなわち，憲法 21 条の表現の自由を保障するためには，確実な資料・根拠に照らし相当の理由のある言論は，35 条による正当行為として違法性が阻却されるべきでしょう〈各 184 頁以下〉。

第30講　業務妨害罪

1　序　説

業務妨害罪（233条以下）の保護法益は「人の社会的活動の自由」であり，業務とは，自然人，法人その他の団体が職業その他社会生活上の地位に基づき継続して従事する事務（仕事）をいいます〈各187頁〉。業務といえるためには，反復的または継続的な事務であることを要すると解され，業務にあたるか否かは，当該事務の性質によって判断されるべきです。業務は，刑法上の保護に値するものであれば，違法であっても，業務妨害罪の客体に含まれ，事実上平穏に行われている限り刑法上の保護に値する業務であると解されています。

2　公務と業務の区別

公務の執行を暴行・脅迫によって妨害した場合は，95条1項により公務執行妨害罪が成立しますが，妨害の手段が，威力や偽計にとどまる場合には，公務も業務に含まれるとして業務妨害罪の成立を認めるべきか否かが問題となります〈各193頁以下〉。たとえば，警察官の逮捕行為を偽計や威力を用いて妨害した場合，公務執行妨害罪は成立しませんが，業務妨害罪は成立するかが問題となり，公務は業務に含まれないと解するならば，犯罪不成立となり，公務も業務に含まれると解するならば，業務妨害罪が成立することになります。この問題についての判例の態度には変遷が見られますが，現在の判例の立場は，公務のうち，「強制力を行使する権力的公務」については，公務執行妨害罪のみの適用がありますが，それ以外の公務については，公務執

行妨害罪および業務妨害罪の適用があるというものです〈各195頁〉。このような考え方の根拠としては、「強制力を行使する権力的公務」は、法令上、その職務執行にあたっての妨害行為を強制力によって排除し得る自力執行力を付与されているので、例外的に、暴行・脅迫による場合にのみ公務執行妨害罪で保護すれば足り、それ以外の公務は、自力執行力が付与されていないので、業務妨害罪による保護が必要であるという点にあります。いわば、公務の中で「打たれ強い」ものと「打たれ弱い」ものを区別するわけです。

　学説は多様に分かれています。そのうち、「消極説」は、公務は国家の作用であり、個人的法益を保護する業務妨害罪によって保護されるべきではないことなどを理由に、公務は業務に含まれず、公務はもっぱら95条によってのみ保護されるとする見解です。これによれば、偽計・威力による公務の妨害は犯罪不成立となり、妥当でないでしょう。これに対して、「無限定積極説」は、公務は全面的に業務に含まれるとする見解であり、これによれば、偽計・威力により公務の執行を妨害した場合のように、公務執行妨害罪が成立しないときは業務妨害罪が成立することになります。しかし、自力執行力が付与されている場合にまで威力等に対する保護を認める点で妥当でないでしょう。したがって、公務を何らかの基準によって区分する考え方が妥当ですが、その際、判例のように、「強制力を有する権力的公務」という基準によって区分する考え方が妥当であると思います（限定積極説）（図30-1）。

図 30- 1　公務と業務の区別

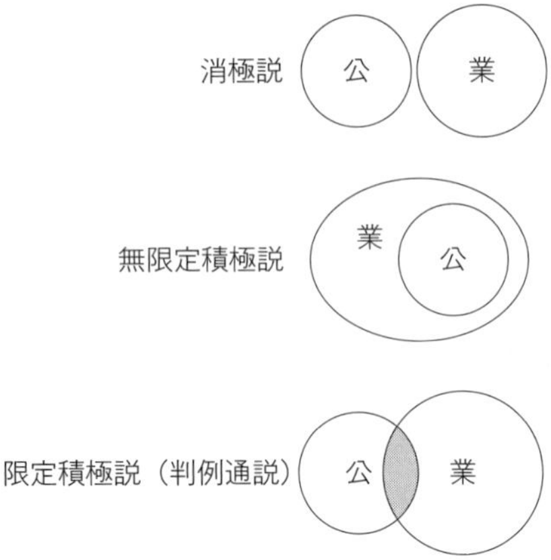

消極説　　公　業

無限定積極説　　業　公

限定積極説（判例通説）　　公　業

3　行　為

　虚偽の風説の流布とは，客観的真実に反する噂や情報を不特定または多数人に伝播することをいいます。偽計とは，人を欺罔し，または人の不知，錯誤を利用することをいいます。威力とは，人の自由意思を制圧するに足る勢力をいい，暴行・脅迫よりも広い概念です。

4　妨害の意義

　判例は，「妨害した」の意義について，妨害の結果発生は不要であり，業務を妨害するに足りる行為が行われればよいとして，本罪を危険犯と解していますが，「妨害した」という文言から，また，業務が妨害されたか否かは，名誉毀損罪などと異なり，ある程度客観的に判断できることから，侵害犯と解するべきでしょう〈各204頁〉。さらに，業務そのものが外形的に妨害されなければなりません。したがって，たとえば，替玉受験，試験での不正行為については，偽計業務妨害罪は成立しないと解するべきでしょう。もっとも，受験業務を全般

的に混乱させて，再試験が必要な事態を招いたとか，職員らに不必要な調査を行わせたような場合には，偽計業務妨害罪の成立を認めることができるでしょう。

第 31 講　財産犯総論

1　序　説

　それでは，今日から財産犯です〈各 208 頁〉。財産犯は，刑法各論の中で 8 割ほどの重要性を占めています。司法試験や予備試験，学部の試験等，ほとんどが財産犯ですね。私の学期末試験の対策としては「財産犯だけやれば大丈夫」というのが，判例・通説だそうです（笑）。これは，財産犯のそれぞれの犯罪の異同，限界づけが非常に難しい問題であり，これを解決するためには，財産犯全体を理解していなければならないわけで，財産犯をよく理解しているかが刑法ができるかどうかのメルクマールになっているからかもしれません。財産犯に強くなるためには，私も参加した共著の『財産犯バトルロイヤル』（日本評論社，2017 年）を読めば大丈夫です，といっても誰も買いもしないし，読みもしないかもしれませんね（笑）。

　もっとも，財産は，たとえば，民法上の債務不履行や不法行為などの規定によって保護されており，刑法による保護は，それらを補充する機能をもっています。刑法における財産保護は，行為態様および行為客体に応じて多様な犯罪類型によって捕捉されており，各犯罪類型の成立範囲が重要な課題となるわけです。また，刑法の補充性という観点から，刑法における財産保護においては，民法等による行為規範（財産関係）がどのようなものかという点が刑法的判断の前提を形成します。そこから，刑法と民法の関係が問題となるわけです〈各 209 頁以下〉。

　たとえば，建造物の「他人性」が問題となった事案〈各 209 頁〉で，

最高裁は，刑法260条の「他人」の建造物というためには，他人の所有権が将来民事訴訟等において否定される可能性がないということまでは要しないから，本件建物は「他人の」建造物に当たると判示しました。すなわち，民法上の所有権の確定的な帰属が不明な場合にも，所有権が一定の者に帰属している外観が現実に存在している場合には，刑法独自の観点から所有権の帰属が認められたわけです。これは「民法独立性説」の立場です。しかし，刑法は民法に対して補充的な財産保護を志向するものですから，所有権は本来民法上の概念であり，その帰属は民法のルールに従って確定されるべきであるとする「民法従属性説」が基本とされるべきですが，刑法が民法に対して全面的に従属することは，民事紛争の解決を事前に予想することは困難であり，また，民事訴訟の結果によって刑事裁判が左右されるのは問題でしょう。したがって，基本的に民法に従属することを原則としますが，例外的に刑法固有の観点から，どのような根拠で，どのような範囲で民法から独立することが可能なのか，またそうすべきなのかを検討するという方向が妥当でしょう（民法志向性説）。つまり，刑法は民法に「つかずはなれず」という，恋愛と同じ絶妙な関係が大事なのです（笑）（図31-1）。

図 31- 1　民法と刑法

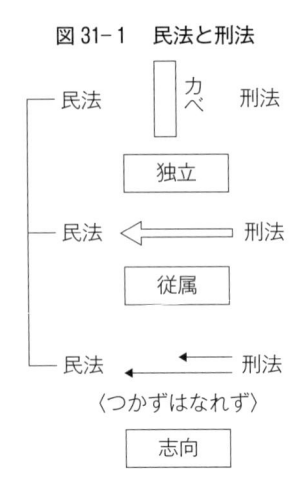

2　財産犯の全体像

さて，財産犯の全体像を概観しましょう〈各 212 頁以下〉。

図 31- 2

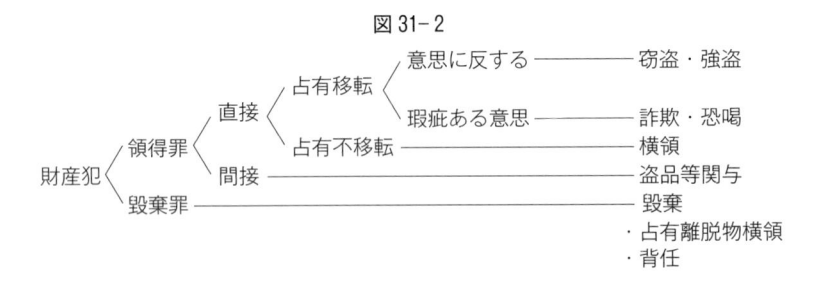

　まず，行為態様で分類すれば，領得罪と毀棄罪とに分かれます。前者が，経済的利得などを得る場合で，後者は，財産的価値を減失する場合ですが，前者が重要です。その中で，占有を移転するか否かによって分けられ，移転するのが窃盗罪，強盗罪，詐欺罪，恐喝罪であり，移転しないのが横領罪などです。占有移転の中で，意思に反している

場合が，窃盗罪，強盗罪で，瑕疵ある意思に基づく場合が詐欺罪，恐喝罪です。次に，行為客体で分類すれば，財物（財物罪）と財産上の利益（利益罪）とに分かれ，前者は，窃盗罪，不動産侵奪罪，1項強盗罪，準強盗罪，1項詐欺罪，1項恐喝罪，横領罪，毀棄罪，盗品等関与罪がこれにあたり，後者は，2項強盗罪，2項詐欺罪，2項恐喝罪，準詐欺罪がこれにあたります。なお，電子計算機使用詐欺罪は利益罪としてのみ規定され，背任罪は，財産上の利益の侵害が要件とされており，利益罪の一種ですが，行為客体としては財物も含まれます。

3　財産犯ストーリー

　それでは，財産犯の事例に立ち向かうために，どのような順序で処理するかについてお話します。基本的に次のような順序で考えていけばいいでしょう〈各213頁〉。すなわち，①結果（被害）から行為をみて，実質的な被害の主体・客体を特定する（民事法上の権利関係を踏まえる）。②被害の客体として，まずは財物（1項犯罪）を検討する。③所有者・占有者を特定し，領得罪か，奪取罪か，交付罪かなどを決定する。④1項犯罪として構成することが困難な場合，2項犯罪へ移行し，財産上の利益の内容，処分権者，処分意思などを検討する。⑤背任罪は，他の財産のすべてが成立しないときの受け皿的な犯罪であります。要するに，まずは，財物はないかと「財物をたずねて三千里」（笑）として，財物ストーリーから出発し，それがだめな場合には,「財産上の利益」ストーリーに移行するということです。これが「東京財産犯ストーリー」です（笑）。

4　財　物

　以下では，行為客体である財物（物）と財産上の利益について検討します。まず，財物についてですが，民法85条は，「この法律におい

て，『物』とは，有体物をいう。」と規定しており，それに従えば，刑法上も，財物は有体物をいうことになります（有体物説）。しかし，判例は，旧刑法時代の電気窃盗事件〈各 214 頁〉において，有体物ではない電気を，容器に収容して独立の存在を有し得るとして財物性を肯定しました。しかし，その後，現行刑法においては，245 条と 251条（準用規定）において，「この章の罪については，電気は，財物とみなす。」と規定されました。学説上，電気以外でも動力，エネルギーなど物理的に管理可能であれば財物とする見解もありますが，これによれば，245 条は注意規定となってしまいますが，この規定は例外規定でしょう。また，横領罪等の規定には 245 条の準用規定がなく，「物」には電気は含まれませんが，管理可能性説によれば，この「物」には当然電気が含まれることとなってしまいます。やはり，財物・物とは有体物のみを意味するべきでしょう。その他，不動産，財産的価値を有する物，所有権の対象となる物，人体・臓器，棺内蔵置物，禁制品，情報を化体した物などについて，いろいろ問題がありますので，検討する必要があります〈各 215 頁以下〉。

5　財産上の利益

次に，財産上の利益は，いわゆる「2 項犯罪」（2 項強盗，2 項詐欺，2 項恐喝）の客体です。債務の履行延期，債務の免除，弁済の一時猶予，労務の提供などがこれにあたります。財産上の利益については，労務（サービス）の提供などが財産上の利益といえるか，債務の支払免除，弁済の一時猶予などがあれば，つねに財産上の利益を得たことになるのか，あるいは，何らかの限定が必要なのか，さらに，たとえば，財物の詐取を目的として欺く行為を行い，被害者に財物交付の約束をさせた場合に，物の引渡請求権を取得したとして，2 項詐欺が成立するかなどの問題があり，検討する必要があるでしょう〈各 219 頁

以下〉。

6　奪取罪（とくに，窃盗罪）の保護法益

　窃盗罪等の財物罪としての奪取罪の客体は「財物」であり，その行為態様は財物の「占有侵害」ですが，その保護法益については，本権説と占有説（所持説）との対立があります〈各 222 頁以下〉。本権説は，財物に対する所有権その他の本権（他人の占有の基礎にある所有権，質権，賃借権などの民法上の権利）を保護法益とする見解であり，占有説は，財物の単なる占有（所持）自体を保護法益とする見解です。

　判例は大きく変遷し，戦前の大審院の判例は本権説を採用していましたが，戦後，最高裁は占有説へと方向転換を行いました。たとえば，「買戻約款付自動車売買事件」〈各 225 頁〉では，被告人が自動車を引き揚げた時点では，自動車は借主の事実上の支配内にあったことが明らかであるから，かりに被告人にその所有権があったとしても，被告人の引揚行為は，242 条にいう他人の占有に属する物を窃取したとして窃盗罪を構成するとし，かつ，その行為は，社会通念上借主に受忍を求める限度を超えた違法なものであると判示して，窃盗罪の成立を認めました。現在の判例の立場は，占有説に立脚し，占有侵害があれば窃盗罪の構成要件該当性を肯定し，例外的に，権利行使として違法阻却の可能性を認めるというものです。これは，自力救済を禁止し，民法上の権利関係の判断を回避しようとするものといえるでしょう。

　私は，本権説を修正する修正本権説が妥当と思います〈各 228 頁〉。すなわち，占有者において目的物を自己の占有下に置く何らかの正当な理由が認められる場合には，たとえ最終的に正当な権限に基づくものでないとしても，窃盗罪等による保護を認めるべきでしょう。これによれば，保護に値する占有を，本権に基づく占有の場合に限定せず，占有者に同時履行の抗弁権や清算の利益があるような場合はもちろん，

そのような利益の存在が確定的には確認できない場合でも，その占有に一応の合理的理由がある場合には，民事訴訟による解決を待つべきであり，その意味で刑法上の保護に値する利益が存在することになります。242条の占有は，「権利主張することについて一応の合理的理由」がある占有と解するべきでしょう。

7　不法領得の意思

　以上の占有侵害という客観的要件に対応する故意が必要ですが，さらに，「不法領得の意思」という主観的要件が必要であるか否か，必要とした場合，どのような内容を有するのかが問題となります〈各228頁以下〉。従来は，本権説＝不法領得の意思必要説，占有説＝不法領得の意思不要説という理論的連関が定着していましたが，現在では，この理論的連関は崩壊し，実質的観点（使用窃盗の不可罰性，毀棄・隠匿罪との区別など）によって，その要否が検討されなければならないでしょう。

　まず，窃盗罪の場合ですが〈各229頁以下〉，判例によれば，不法領得の意思とは，「権利者を排除して，他人の物を自己の所有物ととして，その経済的用法に従い，利用し処分する意思」と定義されています。判例は，不法領得の意思の内容として，権利者排除意思と利用・処分意思とを認め，前者によって，一定範囲の使用窃盗（一時使用）を窃盗罪から除外し，後者によって，窃盗罪と毀棄・隠匿罪とを区別するという機能を有するものと位置づけています。

　しかし，判例は，使用窃盗の不可罰性の根拠をもっぱら意思に求めているわけではなく，返還意思の有無のみならず，使用期間の長短，使用に伴う価値の減少，占有者の利用可能性などの客観的な判断資料をも考慮するようになりました。とすれば，排除意思という主観的要素は，これらの客観的要素に解消されるのではないでしょうか。した

がって，私は，排除意思は領得の意思に含まれないと考えます〈各 232 頁〉。

　次に，窃盗罪と毀棄・隠匿罪との区別のために，利用・処分意思が必要であるか否かが問題となりますが，これは必要でしょう。窃盗罪と器物損壊罪の法定刑の差異は，利用・処分意思の有無によるものだからです。すなわち，利用・処分意思という不法領得の意思があることによって，一般予防的見地から類型的に責任が加重されるわけです。他方，この不法領得の意思は主観的違法要素でもあります。なぜなら，不法領得の意思によって，占有侵害行為が窃盗行為と意味づけられ，それが窃盗の行為態様という行為無価値を決定するからです。

　しかし，判例は，みずからが定義する「その経済的用法に従いこれを利用し又は処分する意思」を厳格に貫いているわけではありません。すなわち，「経済的用法」にこだわらず，「本来的用法」にも拡大され，また，「本来的用法」とはいえない場合にも拡大されています。さらに，毀棄・隠匿の意思があっても，不法領得の意思を認めた判例もあります。判例は，財物をもっぱら毀棄・隠匿する意思を有していた場合には，不法領得の意思が否定する傾向にあり，財物の何らかの効用を得る意思がある場合には不法領得の意思が肯定される傾向にあるといえるでしょう（図 31-3）。

図 31-3　下着泥棒

領得意思 あり	①売買	＝	経済的用法
	②身に付ける	＝	本来的用法
	③燃やして寒さをしのぐ	＝	非本来的用法
領得の意思なし	④切りきざんでポイステ	＝	もっぱら毀棄の目的

　私は，利用・処分意思の内容として，「財物から生ずる何らかの効用を享受する意思」と解し〈各 236 頁〉，単純な毀棄または隠匿の意思をもってする場合を排除するという消極的な意義を有するに過ぎないと思います。リーディング・ケースとしては，詐欺罪の場合ですが，「支払督促状詐取事件」〈各 237 頁〉が重要です。最高裁は，郵便配達員を欺いて交付を受けた支払督促正本等について，廃棄するだけで外に何らかの用途に利用，処分する意思がなかった場合には，支払督促正本等に対する不法領得の意思を認めることはできないと判示しました。

第 32 講　窃盗罪

1　序　説

　それでは，窃盗罪（235条）の構成要件をみていきましょう。窃盗罪は，他人の占有する他人の所有の財物を占有者の意思に反して取得する犯罪です〈各238頁以下〉。窃盗罪は，占有移転罪の一種ですが，他人の意思に反して財物の占有を取得する点で詐欺罪と区別され，暴行・脅迫を手段としない点で強盗罪と区別されます。また，窃盗罪は，他人の財物を窃取する犯罪であり，財産上の利益を窃取する行為（利益窃盗）は不可罰です。なお，他人の不動産を侵奪する行為については，不動産侵奪罪が成立します（235条の2）。

2　占有の存否

　窃盗罪が成立するためには，財物が「他人の占有」下にあり，その占有を移転し，取得することが必要ですが，ここにいう「占有」とは，財物に対する事実的支配を意味します〈各239頁以下〉。窃盗罪における占有は，客観的要件として，財物に対する事実的支配（占有の事実）と，主観的要件として，財物に対する支配意思（占有の意思）がある場合に認められます。占有の意思ですが，これは，個々の財物に向けられた具体的な意思であることを要せず，時間的・場所的に包括的なもので足り，意思能力や管理能力なども必要ではなく，幼児や心神喪失者にも占有を認められるもので，死者の占有を否定する意味しかなく，いわば，擬制的な意思といえるもので，次の事実的支配が存在すれば，それに伴って存在する意思と解することができるでしょう。

　事実的支配（占有の事実）の一般的な判断基準としては，物に対する「実力支配可能性」と「排他性」を挙げることができます〈各240頁〉。もっとも，いくつかの類型で具体的に判断されなければならないでしょう。たとえば，物に対する現実的握持・監視がある場合，財物が特定人の管理する空間内にある場合，現実的握持の離脱が管理者の意思に基づく場合，置き忘れの場合などであり，多くの判例がありますので検討の必要があります。

　この中でも，重要なのは，「置き忘れ」の場合です。「バス・ストップ事件」〈各243頁〉と「公園ポシェット事件」〈各243頁〉（図32-1）とを比較検討する必要があります。前者は，客観的状況や，被害者が取りに戻ってくる時間，その間の場所的・時間的近接性などを判断資料としたのですが，後者は，端的に，犯人の領得時点での被害者と財物との場所的・時間的近接性を問題としました。占有侵害というためには，窃盗罪の実行行為と被害者の占有の存在とが同時存在しなければならないわけですから，端的に時間的・場所的近接性を重視する後者の立場が妥当ですが，それが明らかでない場合には，客観的状況などから判断せざるを得ないでしょう。置き忘れ事例で，占有を否定して占有離脱物横領罪の成立を認めた判例もありますので〈各244頁〉，検討する必要があります。

図32-1　公園ポシェット事件

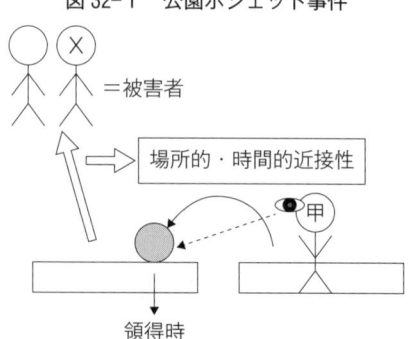

3　占有の帰属

たとえば，従業員が店長から預かった金銭を持ち逃げした場合，その金銭が店長の占有にあるとすれば，窃盗罪が成立し，その金銭が従業員の占有にあるとすれば，委託物横領罪が成立することになります〈各245頁〉。このように，当該財物の管理につき複数の者が関与する場合に，その財物の占有は誰に帰属するかが問題となります。

まず，財物の保管に上下主従関係がある場合については〈各246頁以下〉，原則として，上位者に占有が認められ，下位者はその占有補助者と位置づけることができますが，財物の保管や処分についての権限の有無・程度，責任の所在，関与者相互の指揮監督・協力関係などによって，占有の帰属は異なることになります。

次に，財物が，包装されて委託された場合，その内容物の占有は，委託者にあるのか，受託者にあるのかが問題となります〈各247頁以下〉。判例は，内容物については委託者に占有があるとし，窃盗罪の成立を認め，封緘物それ自体を領得する場合には，横領罪の成立を認めていますが，学説上，争いがあります。

最後に，店舗，旅館等における来客等による握持の場合が問題ですが，本来の管理者が来客等に一時的に財物を握持させている場合は，管理者に占有が認められます〈各249頁〉。これに対して，被害者の処分行為によって犯人側に占有が移転したものと評価された裁判例もあります。この問題は，「窃盗と詐欺の限界」という微妙な判断を強いる問題であり，詐欺罪の箇所で論じることにします。

4　死者の占有

死者には，占有意思（支配意思）が認められないので，基本的に占有を認めることはできません〈各250頁以下〉。もっとも，被害者が生前占有していた物を領得する行為として，次の3つの場合があります。

まず，当初から財物を奪取する意思で人を殺害し，財物を奪取する場合には，財物の領得が被害者の死後であっても，強盗殺人一罪の成立が認められています。次に，殺害後に領得の意思が生じ，死者から財物を領得する場合，判例は，被害者の生前の占有を侵害したものとして，窃盗罪の成立を認めています〈各250頁〉。しかし，生前の占有の存否（占有の喪失時期）を判断する基準は明らかではなく，死者には占有の意思（支配意思）がないのであるから，財物の占有を認めることができず，占有離脱物横領罪しか成立しないと解するべきでしょう。最後に，無関係の第三者が死者から財物を領得する場合には，判例も，犯人自身の致死行為と領得行為とを全体として評価することはできないから，占有離脱物横領罪にあたると解しています〈各251頁〉。

5　行　為

　窃盗罪の行為は窃取です〈各252頁以下〉。窃かに取るといっても，公然と行われてもかまいません。窃取とは，他人が占有する財物を，占有者の意思に反して自己または第三者の占有に移転させ，取得する行為をいいます。新たな占有を取得する必要がありますから，たとえば，養殖魚を海に放出するように，単に占有を侵害する行為は窃取ではなく，器物損壊罪の成立が認められます。窃取の解釈につき，2つの「パチスロメダル窃取事件」〈各252頁，各253頁〉がありますので，検討する必要があります。なお，主観的要件として，他人の占有する他人の財物であることの認識，すなわち，故意が必要です。また，前に述べました，不法領得の意思も必要です。

6　着手時期

　窃盗の着手時期は，不可罰な窃盗予備との限界の問題のみならず，事後強盗罪の成否の問題についても重要となります〈各255頁以下〉。

後で述べますように，窃盗の実行行為の存在が事後強盗罪の前提要件となるからです。窃盗罪の着手時期は，一般に物色行為時とされていますが，それは，あくまでも一つの指針であり，判例によれば，物色行為ではないとしても，法益侵害に対する密接な行為であれば着手が認められています。

7　既遂時期

　窃盗罪の既遂時期について，判例・通説は，他人の占有を排除して財物を自己または第三者の占有に移したときと解しています（取得説）〈各257頁以下〉。着手時期と同様に，財物の大小・性質・形状，所在場所，搬出の容易性，窃取行為の態様などを総合的に考慮して判断されなければなりませんが，結局，いつ行為者の事実的支配のもとに置かれたかという判断が基本となり，窃取行為の類型ごとに個別的に判断せざるを得ないでしょう。

8　不動産侵奪罪

　本罪（235条の2）は，昭和35（1960）年の刑法一部改正によって，境界損壊罪（262条の2）とともに新設された規定です〈各258頁以下〉。この改正によって，235条の窃盗罪の客体は動産に限定されることとなりました。また，強盗罪における「財物」には不動産は含まれないというのが一般的な理解であり，不動産の強取は利益強盗罪（236条2項）によって捕捉されます。これに対して，詐欺罪，恐喝罪，横領罪における「財物」ないし「物」には，不動産も含まれます。これらの点については，そのつどお話しします。

　本罪の行為は「侵奪」です。侵奪とは，不動産に対する他人の占有を排除して自己または第三者の占有を設定することをいい，たとえば，他人の土地を不法に占拠して家を建てるとか，不法に他人の家屋に住

みつくとか，境界線を越えて不法に他人の土地を取り込むような場合です。侵奪は，新たな占有を設定するという積極的な占有侵害でなければならず，他人の不動産を不法に占拠している消極的な行為は侵奪とはいえません。したがって，適法に他人の不動産の占有を開始した後に，その占有が不法なものとなっても本罪は成立しません。もっとも，従来からの占有状態が継続している場合でも，占有の態様が質的に変化したとみられるときは，新たな占有侵害といえるでしょう。

9　親族間の犯罪に関する特例（親族相盗例）

　親族相盗例（244条）は，配偶者，直系血族または同居の親族との間で，窃盗罪，不動産侵奪罪，これらの未遂罪を犯した者の刑を免除し，その他の親族間で行われた場合を親告罪とする特例です〈各261頁以下〉。本条は，詐欺罪，恐喝罪，横領罪，背任罪にも準用されています（251条，255条）。その趣旨は，これらの財産的紛争に対しては，国家が介入し刑罰によって解決を図るよりは，家庭内の自主的な解決に委ねる方が，親族間の財産秩序の維持にとって得策であるとする政策的理由，すなわち，「法は家庭に入らず」という思想に基づくものと解されています。本条1項の刑の免除の法的性質について，判例・通説は，「法は家庭に入らず」という刑事政策的考慮により処罰が阻却されるにすぎないとする一身的刑罰阻却事由と解しており，これによれば，親族関係であることは，行為の違法性・有責性とまったく無関係な純粋の客観的事由となります。本条の適用範囲について，親族関係が，犯人と誰との間に存することが必要かが問題となります。「6 親等親族現金窃盗事件」〈各264頁〉において，最高裁は，親族関係は所有者および占有者と犯人の間に存することが必要であるという見解を採用しました。

第 33 講　強盗罪

1　序　説

　今回は，強盗罪です〈各266頁以下〉。強盗罪（236条）は，窃盗罪と同様に，移転罪のうちの盗取罪ですが，暴行または脅迫を手段とする点，財物のみならず，財産上の利益をも客体とする点で異なります。この基本型としての強盗罪のほかに，これに準ずる類型（準強盗罪）として，事後強盗罪（238条）と昏酔強盗罪（239条），これらの犯罪の加重類型として，強盗致死傷罪（240条），強盗・強制性交等罪および同致死罪（241条）が規定されています。

2　客　体

　強盗罪の客体は，財物と財産上の利益です。不動産は，財物に含まれませんが，財産上の利益にあたることから，たとえば，暴行・脅迫により不動産の登記名義を取得する場合や，暴行・脅迫により不動産の事実上の占有を取得する場合には，2項強盗罪が成立します。とくに問題なのは，財産上の利益につき，利益の移転がどのような場合に肯定できるかという点です。たとえば，債権者を脅迫して債務の支払いを免れるような場合に，債務免除や支払猶予の意思表示といった被害者の処分行為が必要か否かが問題となります〈各267頁〉。判例は，当初，利益移転の外形的事実の発生を要するとして，処分行為が必要と解していましたが，その後，明示的に処分行為を不要として2項強盗罪の成立を認めています。たしかに，処分行為は不要ですが，たとえば，債権者殺害のすべての場合に，財産上の利益が移転すると解す

るのは妥当でなく，何らかの制約が必要でしょう。たとえば，当該債務の追及を不能にするとか著しく困難にしなければならないとか，あるいは，犯人と被害者との間に金品の移転などをめぐって切迫した対応・拮抗関係が存在しなければならないと思います。なお，財産上の利益をめぐる重要な裁判例として「暗証番号聞き出し事件」〈各 270 頁〉がありますので検討する必要があります。

3　暴行・脅迫

　強盗罪の手段としての暴行・脅迫は，最狭義のそれをいい，被害者の反抗を抑圧するに足りる程度ものでなければならず，この点で恐喝罪と区別されます〈各 272 頁〉。なお，反抗を抑圧するに足りる程度の暴行・脅迫が行われたが，被害者が現実に反抗を抑圧されるに至らなかった場合について，判例は，強盗既遂の成立を認めていますが，強盗罪は，被害者の反抗抑圧の結果として財物が奪取されるという因果経過を要し，この場合における財物奪取は，喝取の結果であることから，強盗未遂罪と恐喝既遂罪の観念的競合と解するべきでしょう〈各 273 頁〉。反対に，恐喝程度の手段を用いたところ，被害者が臆病であったため実際に反抗を抑圧された場合には，実行行為が恐喝行為である以上，恐喝既遂罪にとどまるべきでしょう〈各 273 頁〉。相手方が臆病者であることを知っていた場合には，行為者の特別知識があることから，強盗の実行行為性を認めることができ，強盗既遂が成立すると解することができるでしょう。

　「ひったくり行為」は，暴行を手段としますが，相手方の反抗抑圧に向けられていないから，窃盗罪にしかなりません。もっとも，反抗抑圧の手段としての暴行と評価できる場合は，強盗罪の成立を認めることができます〈各 274 頁〉。暴行・脅迫の相手方は，被害者のみならず，財物強取に障害となる者であってもかまいません。

4　強　取

　強取とは，被害者などの反抗を抑圧する程度の暴行・脅迫を手段として財物を奪取することをいい，暴行・脅迫と財物奪取との間に一連の関係が認められなければ，強盗既遂罪は成立しません〈各275頁以下〉。

　まず，財物を奪取した後に，暴行・脅迫を用いてその財物を確保した場合の処理が問題となりますが，当初から強盗の故意を有していた場合は，暴行・脅迫が財物の取得前に行われる必要はありません。当初は，単に窃盗の故意しかなく，窃盗に着手して他人の財物に手をかけようとしたが，いまだ財物を奪取したとはいえない段階で，財物奪取のために暴行・脅迫を加えた場合には，事後強盗罪（238条）ではなく，1項強盗罪の成立が認められます。これが，いわゆる「居直り強盗」といわれるものです〈各276頁〉。窃盗が既遂に達した場合には，財物の占有の移転があることから，暴行・脅迫は，「財物を得てこれを取り返されることを防」ぐために行われると評価して，事後強盗罪の成立を認めるべきでしょう（あるいは，窃盗罪と2項強盗罪の混合的包括一罪）。

　次に，強盗以外の目的で暴行・脅迫を加え，相手方の反抗を抑圧した後にはじめて財物奪取の意思を生じ，反抗抑圧状態を利用して財物を奪取した場合の処理が問題となりますが〈各276頁以下〉，判例は，強制性交等の目的で暴行・脅迫を加え，相手が畏怖しているのに乗じて財物を奪った場合には，新たな暴行・脅迫を加えることを要せずして強盗罪の成立を認めています。強制わいせつ目的で暴行・脅迫を加え，相手方の極度の畏怖状態を利用して金員を領得する行為についても，同様に強盗罪の成立が認められています。これらの場合には，犯人がその場にいること自体が，被害者の意識に反映されている限りで，被害者に対する反抗抑圧を継続する行為としての脅迫と捉えられてい

るとも解することができるでしょう。

　強制性交等・強制わいせつ以外の目的で暴行・脅迫を加えた後，財物奪取の意思を生じて財物を奪取した場合については〈各278頁〉，判例は，財物奪取に向けられた新たな暴行を必要と解しています。通説も，新たな暴行・脅迫を必要としています。強制性交等罪については，抗拒不能に乗じて性交等する行為が準強制性交等罪（178条2項）として処罰されていますが，強盗罪については，このような処罰規定が存在しない以上，必要説が妥当でしょう。もっとも，新たな暴行・脅迫の内容と限界が問題となります。判例は，新たな暴行・脅迫はそれ自体として反抗を抑圧する程度には至らなくてもよく，既に存在する反抗抑圧状態を積極的に「維持」する程度のものでよいと解しています（図33-1）。

図33-1　暴行後の領得意思

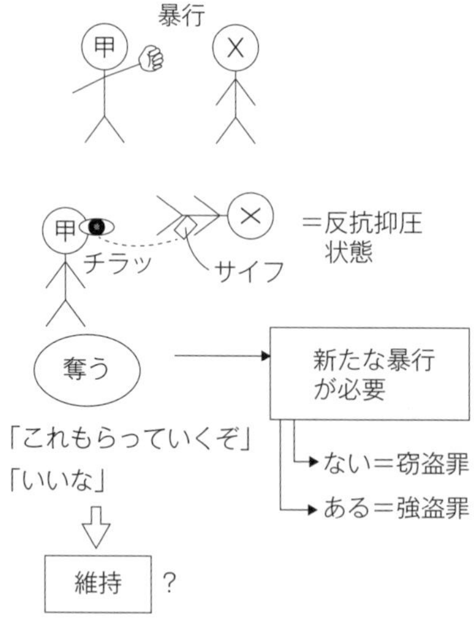

5　他罪との関係・罪数

「他罪との関係」は刑法各論において重要な問題ですが，とくに，財産犯一般において重要となり，強盗罪については，2つの問題があります。

まず，財物の詐取後に，暴行・脅迫を加えて当該財物の代金の支払いを免れた場合，たとえば，当初から無銭飲食の意思で飲食した後に請求を受けた代金の支払いを暴行または脅迫を加えて免れた場合が問題となります〈各281頁〉。この問題について，下級審は，①1項詐欺罪と暴行罪・脅迫罪の併合罪とするもの，②1項詐欺罪と2項強盗罪の併合罪とするもの，③1項詐欺罪と2項強盗罪の成立を認めつつ，重い2項強盗罪の包括一罪とするものとに分かれていましたが，最高裁は，③の立場を採用しました。これが「覚せい剤強奪殺人事件」〈各281頁〉ですので，検討の必要があります。

次に，財物の窃取後に，暴行・脅迫を加えて当該財物の返還を免れた場合が問題となります〈各282頁〉。判例・通説は，先の場合と同様，窃盗罪と2項強盗罪の成立を認め，包括一罪として後者の刑で処断するという見解を採っています。判例は，先行する犯罪が窃盗でも詐欺でも2項強盗罪の成立を認めているわけです。

6　事後強盗罪

事後強盗罪（238条）は，窃盗犯人が，①財物を得て，これを取り返されることを防ぐ目的（財物奪還阻止目的），あるいは，②逮捕を免れる目的（逮捕免脱目的），あるいは，③罪跡を隠滅する目的（罪跡隠滅目的）で，暴行・脅迫を加えた場合に成立し，その場合には「強盗として論ずる」ことになります〈各285頁以下〉。事後強盗罪の構造について，①65条1項の真正（構成的）身分犯とする見解，②65条2項の不真正身分犯とする見解，③事後強盗罪を窃盗と暴行・脅迫の結

合犯とする見解があります〈各291頁以下〉。本条の「窃盗」とは，窃盗罪の犯人を意味しますが，本罪を身分犯と解する場合，「窃盗」に窃盗未遂犯人も含むとすると，暴行・脅迫により事後強盗既遂罪が成立することになってしまい（一般には，事後強盗罪の未遂が成立する），「窃盗」を窃盗既遂犯人に限定すると，窃盗未遂犯人が排除されてしまい，それぞれ妥当ではありません。したがって，ここでいう「窃盗」とは，窃盗の実行行為を意味し，窃盗未遂犯人および窃盗既遂犯人の両者を含むものと解するべきでしょう〈各285頁以下〉。

　「財物を得てこれを取り返されることを防ぐ目的」とは，暴行・脅迫なしに財物を自己の占有下に置いた後，被害者側からその財物を取り返されるのを防ぐ目的をいい，「逮捕を免れる目的」とは，被害者あるいは警察官等から取り押さえられて身柄を拘束されるのを防ぐ目的をいい，「罪跡を隠滅する目的」とは，後日窃盗犯人として検挙され，処罰されることになると認められるような罪跡を隠滅しようとする意図をいいます。本罪の暴行・脅迫は，強盗罪と同様に，相手方の反抗（財物取還や逮捕）を抑圧する程度のものでなければならず，暴行・脅迫の相手方は，窃盗の被害者に限定されず，追跡してきた目撃者など，本条所定の目的を遂げるのに障害となるすべての者を含みます。

　事後強盗罪における暴行・脅迫は，「窃盗の機会」に行われることを要すると解するのが判例・通説です。なぜなら，事後強盗罪は，暴行・脅迫によって財物奪取を行うという典型的な強盗とは異なるものの，それに準じた行為類型であることから，暴行・脅迫と財物奪取行為と密接な関連性がなければならず，そのための要件として，「窃盗の機会」という「書かれざる構成要件要素」が必要とされるからです。「窃盗の機会」について，判例は，「天井裏3時間潜伏事件」〈各288頁〉において，その一般的な判断基準を明示しました。それは，「被

害者等から容易に発見されて，財物を取り返され，あるいは逮捕され得る状況が継続していたか否か」というものです。そして，この判断基準を具体化したのが，「30 分後の再訪者事件」〈各 288 頁以下〉ですので，検討する必要があります。

　事後強盗罪の実行の着手時期は，窃盗犯人が，本条所定の目的をもって，相手方の反抗を抑圧する程度の暴行・脅迫を加えたときであり，既遂・未遂は，先行する窃盗罪が既遂か未遂かによって決定されます。本罪が成立するときは，先行の窃盗罪は本罪に吸収され，別罪を構成しません。

7　昏酔強盗罪

　昏酔強盗罪（239 条）は，人を昏酔させてその財物を盗取する犯罪です〈各 293 頁以下〉。「昏睡」ではありませんので，注意してください。講義中，学生を睡らせて単位を剥奪する行為は「昏睡」強盗でしょうか（笑）。しかし，単位は財物ではないですね。ここでいう昏酔強盗罪は，財物に限定されます。条文上「昏酔させて」とあることから，昏酔強盗罪が成立するためには，財物奪取の目的で昏酔させることを要し，強盗犯人自らが被害者を昏酔させることが必要です。他人が昏酔させたり，被害者自らが昏酔または熟睡している間に，被害者の財物を奪取した場合には，強盗罪とならず，窃盗罪が成立するにすぎません。

8　強盗致死傷罪

　240 条は，強盗が人の傷害または死亡結果を生じさせた場合に対する著しい加重処罰類型を規定するものであり，本条には，結果的加重犯としての強盗致傷罪・強盗致死罪，故意犯としての強盗傷人罪・強盗殺人罪の 4 つの犯罪類型が含まれています〈各 294 頁〉。

　本罪の主体は，強盗犯人，すなわち，強盗の実行行為に着手した者であり，既遂か未遂かを問いません。「強盗」には，236条の強盗犯人のみならず，事後強盗罪の犯人および昏酔強盗罪の犯人も含まれます。強盗致死傷の結果が発生した「人」とは，強盗罪の被害者に限られず，たとえば，窃盗犯人が，逮捕を免れるために警察官に傷害を負わせた場合にも，（事後）強盗傷人罪が成立します。

　「人を負傷させ」とは，他人に傷害を負わせることであり，傷害の故意のある場合が「強盗傷人」，傷害の故意のない場合が「強盗致傷」です。本条における「負傷」について，傷害罪における傷害と，その程度を異にするかが問題となります。判例は，基本的に，傷害罪における傷害と同程度のものと解していますが，通説は，本罪でいう傷害は傷害罪でいう傷害よりも程度の高いものと解しています。

　「人を死亡させた」とは，文言上，強盗犯人が結果的加重犯として死の結果を生じさせた場合に強盗致死罪が成立することを意味することについては問題はないですが，強盗犯人が殺意をもって人を殺害した場合に強盗殺人罪として本条後段に含まれるかについて，判例上変遷がありました。現在では，本罪には強盗殺人罪も含まれるとして，240条後段のみの適用が認められています。

　強盗致死傷罪が成立するためには，死傷の結果はいかなる行為から生じたことが必要となるかが問題となります。判例は，死傷結果は強盗の手段である暴行・脅迫から生ずる必要はなく，その原因たる行為が「強盗の機会」に行われれば足りるとしています。学説においては，死傷は強盗の手段たる行為から発生したことを要するとする見解（手段説）なども主張されています〈各298頁以下〉。しかし，手段説においても，（事後）強盗致死傷罪が肯定される以上，少なくともその範囲における暴行・脅迫行為から死傷結果が生じた場合も含まれると解せざるを得ないでしょう。

　もっとも，無限定な機会説によると，強盗の目的とは関係のない場合，たとえば，私怨をはらすために強盗の機会を利用して人を殺傷した場合，あるいは，強盗の共犯者が強盗を行う際に他の共犯者を殺傷したような場合にも本罪が成立することになってしまうので，修正機会説＝密接関連性説が妥当と考えます。

　「強盗の機会」については，いくつかの問題がありますが，とくに因果関係との関係が問題となります〈各 299 頁以下〉。判断順序としては，まず，強盗の機会か否かにより行為の限定を行い，強盗行為と密接関連性のある行為か否かが特定し，次に，この行為と死傷結果との因果関係があるか否かを問題とすべきでしょう。

　240 条の罪の未遂は罰せられますが（243 条），どのような場合が本罪の未遂となるかが問題となります。判例・通説によれば，強盗致死傷罪の未遂・既遂は，死傷結果の存否を基準に決せられ，強盗の既遂・未遂によるものではないとされています。

第34講　詐欺罪

1　序　説

　ここで小話を一つ。「ツルの恩返し」という話を知っていますね。ツルが、助けてくれたお礼に老夫婦の家に女性となって現れ、布を織って老夫婦を裕福にしたという民話です。その際、「絶対に中をのぞかないでください」と言ったのに、のぞいてしまい、正体がばれたことから去って行くという話です。これの刑法バージョンですが、のぞいた後が違うのです。老夫婦がのぞくと、ツルもいないばかりか、機織り機もなくなっていたのです。これは「ツル」ではなく、「サギ」だったというオチですが、実は、これは「サギ（詐欺)」ではなく「窃盗」であるという2段オチなのです。全然受けないので先に進めます(笑)。

　詐欺罪（246条）は、人を欺いて錯誤を生じさせ、その錯誤による瑕疵ある意思に基づいて財物（1項）あるいは財産上の利益（2項）を得る犯罪です〈各308頁以下〉。詐欺罪は、窃盗罪や強盗罪と同じように、占有移転罪ですが、占有者の意思に反する占有移転ではなく、（瑕疵はあるが）意思に基づく占有移転である点で、盗取罪と異なります。

2　客　体

　1項詐欺罪における財物とは、窃盗罪と同様に、他人が占有する他人の財物をいいます。所有者としての他人は、自然人と法人であり、国や地方公共団体も含まれます。しかし、窃盗罪と異なり、財物には、動産のみならず、不動産も含まれることに注意してください〈各310

頁〉。というのは，欺罔行為による登記名義の移転によって当該不動産の処分可能性を取得することから，不動産の占有が移転したといえるからです。これに対して，賃貸料を支払う意思がないのにアパートの一室を借り受ける行為は，不動産の事実的支配の利益（居住の利益）を得たのですから，2項詐欺罪が成立します。2項詐欺罪の「財産上の利益」とは，財物以外の財産上の利益を意味します。財産上の利益の例として，債権の取得，労務の提供などの積極的利得のみならず，債務免除，支払猶予などを得るような消極的利得も含みます。財産上の利益については，いくつかの問題がありますが，とくに「りんご事件」〈各313頁〉などを検討する必要があります。

　「つり銭詐欺」を例にして，考えてみましょう（図34-1）。

図34-1　つり銭詐欺

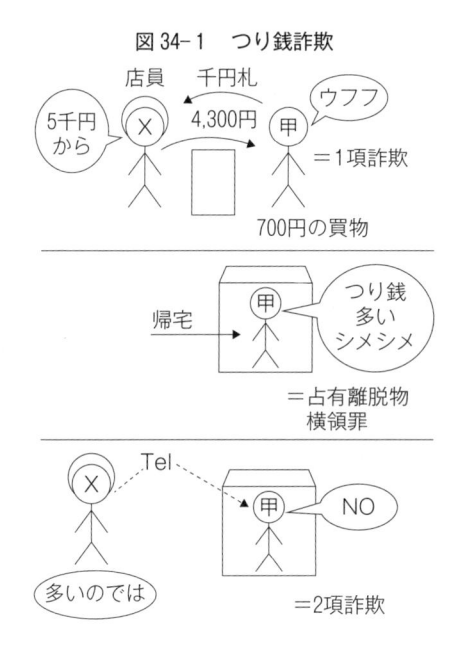

3　欺く行為（欺罔行為）

　詐欺罪の行為は，「人を欺」く行為，すなわち，人を錯誤に陥れる行為であり，これを欺罔行為といいます〈各314頁〉。詐欺罪の既遂が成立するためには，欺罔行為→錯誤→処分行為→財物・財産上の利益の移転という一連の因果関係が存在しなければならないのです。

　第1に，欺罔行為の相手方は，財物の所有者または占有者である必要はなく，財産的損害を受ける者が欺かれた場合でも，第三者の場合でもいいですが，相手方は，財物・財産上の利益について事実上または法律上財産的処分行為をなし得る権限・地位を有するものでなければなりません。

　第2に，人を欺くことを要することから，機械を欺くのは，詐欺罪ではなく，窃盗罪が成立します。

　第3に，欺罔行為は，財物または財産上の利益の処分行為を導くような行為でなければなりません。騙す行為がすべて欺罔行為になるわけではなく，一般人であれば処分行為を行う危険性を有する行為が欺罔行為であり，詐欺罪の実行行為となりますから，たとえば，人の注意を逸らして財物を領得する行為や買い物客を装って試着中に逃走する行為などは，窃盗罪が成立し，詐欺罪は成立しません。

　第4に，欺罔行為は，相手方がその事実を知っていれば処分行為を行わないような重要かつ具体的な事実を偽るものでなければならないわけで，これを重要事項性といいます。「重要事項といえるか否か」が問題となった2つの「暴力団ゴルフ場利用事件」〈各316頁〉を検討する必要があります。

　第5に，取引の際の駆け引き，商品の広告宣伝においては，誇張や虚構が含まれることも多いが，それが取引における許容範囲内であれば，欺罔行為にあたらず，それによって相手方が錯誤に陥り処分行為を行ったとしても，それは被害者の側で負担すべき危険であるといえ

よう。

　第6に，欺罔行為は，嘘の事実を告げるという作為によっても，また，すでに錯誤に陥っていることを知りながら真実を告知しないという不作為によっても可能です。しかし，欺罔行為が作為か不作為かは，必ずしも明確に区別されるわけではありません。なぜなら，作為の欺罔行為の一種として「挙動による欺罔」が一般に認められているからです〈各318頁〉。挙動による欺罔（作為）と不作為による欺罔との区別は，結局，虚偽の事実が黙示的に表示されているか否かによります。たとえば，取引内容の対象となっている事実について行為者がそれを敢えて示さない場合，被害者が目的とする事実が黙示的に表示されていると解され，挙動による欺罔（作為）となります。これに対して，被害者がすでに錯誤に陥っているような場合，たとえば，継続的取引関係などにおいて，その錯誤状態を維持し取り除かない行為は，不作為による欺罔となるでしょう。これについては，「誤振込み払戻し事件」〈各319頁〉を検討する必要があります。

　結局，詐欺罪の実行行為としての欺罔行為は，①「交付の判断の基礎となる重要事項」について欺いたか否か，②作為（挙動による欺罔）か不作為（作為義務）か，③財産侵害に対する危険性があるかという3要素によって判断されることになります。③については，特殊詐欺における実行の着手時期に関する最高裁判例〈各320頁以下〉がありますので検討する必要があります。

4　処分行為（交付行為）

　詐欺罪が成立するためには，被欺罔者による財産の処分行為が必要です〈各322頁以下〉。1項詐欺については，交付行為と明示されています。処分行為とは，財物・財産上の利益の占有を相手方に移転させる行為をいいますが，このような処分行為がなぜ必要なのかといえば，

処分行為には，詐欺罪と窃盗罪の区別機能（財産上の利益の場合には，詐欺罪と不可罰な利益窃盗との区別機能），利益移転を確認するための因果的契機（錯誤と損害との因果関係）としての機能を有するからです。

　処分行為は，それ自体が直接的に占有を移転させるものである必要があり，被害者の占有状態を不安定にさせるような処分，すなわち，「占有の弛緩」は，占有移転のためには別の行為が必要となるから，処分行為とはいえないこととなります。その場合，被欺罔者の意思に基づく占有の終局的移転があったか否かが，詐欺罪と窃盗罪の区別基準となります〈各 323 頁〉。たとえば，客を装って上着を「見せてくれ」と言い，着用しているうちに「ちょっとトイレにいってくる」と言って，これを着たまま逃走した場合には，詐欺罪ではなく窃盗罪が成立します。

　処分行為の要件として処分意思が必要なのか否か，必要とした場合，処分行為者は何を認識していなければならないのかという問題があります〈各 324 頁以下〉。詐欺罪の場合には，占有移転の認識が必要であることから，その点で，処分意思をまったく不要と解することはできないでしょう。

　問題は，処分行為の対象となる財物・財産上の利益の価値・存在について認識がなければならないかという点です。この問題について，認識を必要とする意識的処分行為説と認識を不要とする無意識的処分行為説との対立があります〈各 326 頁〉。たとえば，甲が X の本に 1 万円札が挟まっていることに気づきながら，これを知らない X から 100 円で買い受けるような場合に，1 万円について詐欺罪が成立するのか，窃盗罪が成立するのかという点につき，意識的処分行為説によれば，窃盗罪が成立し，無意識的処分行為説によれば，1 項詐欺罪が成立します。たとえば，高価な稀覯本であることを知らない所有者に対して，その本が安価の古本であるかのように欺罔する場合と 1 万円

札事例とで，結論を異にするものではないでしょう。この場合，当該書籍を相手に譲り渡すという認識があれば足り，その価値・内容・数量についての認識は不要だと思います。

5　無銭飲食・無銭宿泊

　それでは，無銭飲食（宿泊）を例にして考えてみましょう〈各 327頁以下〉（図 34-2）。はじめから代金・料金を支払う意思のない場合（犯意先行型）と，はじめは支払う意思があったが，飲食・宿泊後にその意思をなくした場合（飲食・宿泊先行型）とがあります。無銭宿泊の場合，不法に宿泊の利益を得たものですから，2 項詐欺罪が成立し，飲食を伴う場合は，飲食物につき 1 項詐欺，宿泊の利益につき 2 項詐欺に該当し，一括して 246 条の罪一罪が成立します。犯意先行型で，たとえば，店員の隙をみて代金を支払わずに逃走した場合（犯意先行型・単純逃走型），1 項詐欺罪が成立します。犯意先行型の場合には，注文行為が「挙動による欺罔」と解することができ，飲食すれば既遂となります。犯意先行型の場合で，欺罔行為を用いて飲食代金の支払いを免れたときは（犯意先行型・偽計逃走型），さらに 2 項詐欺罪が成立するかが問題となります。

　次に，飲食先行型の場合，欺罔行為によって飲食物を交付させたものではないから，1 項詐欺罪は成立しません。この場合で「単純逃走型」（飲食先行型・単純逃走型）のときは 2 項詐欺罪も成立しませんが，「偽計逃走型」（飲食先行型・偽計逃走型）のときは 2 項詐欺罪が成立します。宿泊の途中で所持金が不足していることに気づき，その時点であえて無銭宿泊を決意した場合は，その時点（料金を支払わないとの意思を生じた時点）から 2 項詐欺罪が成立します。宿泊代金支払いの段階で何らかの嘘を言って旅館・ホテルを離れた場合に，相手方の処分行為の有無がとくに問題となります。前に述べたように，利益の外

形的移転の認識があったか否かという基準で判断されるべきであり，ともかく外出を許可し，実際に外出した場合には，これを肯定できますから，処分行為の存在を認めることができますが，たとえば，同じ店内のトイレに行くとか，知人を見送りに行くと言って玄関先に出たにすぎない場合には，利益の外形的移転の認識を欠き，処分行為の存在を認めることはできないでしょう。

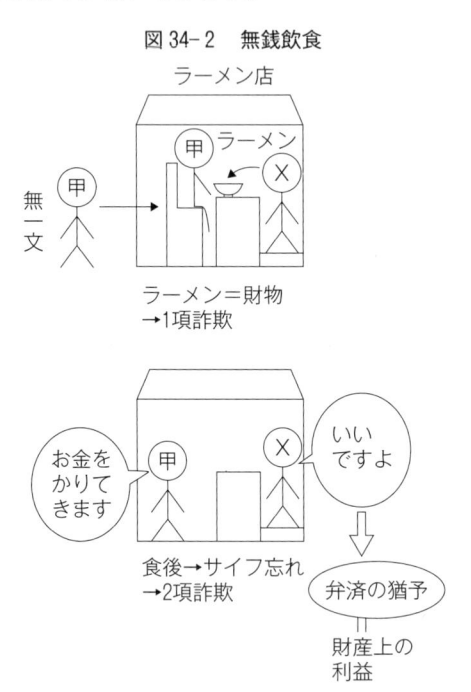

図34-2　無銭飲食

6　三角詐欺

　「錯誤に基づく処分行為」の存在を認めるためには，被欺罔者と処分行為者とは一致しなければなりませんが，被欺罔者と被害者とは一致する必要はありません。通常は，被欺罔者が処分行為により被害を

受けますが，被欺罔者と被害者が同一でない詐欺罪の類型があり，これを三角詐欺といいます〈各 330 頁以下〉。すなわち，欺罔行為者・被欺罔者・被害者の 3 者が関係する類型であることから，三者間詐欺とも称されています。たとえば，クレジット会員が代金支払いの意思も能力もないのに，自己名義のクレジットカードを使用して加盟店から物品を購入したり，飲食したり，サービスを受けたりする場合に，詐欺罪が成立するか否かが問題となります（図 34-3）。判例は，加盟店に対する 1 項詐欺罪（商品購入の場合）または 2 項詐欺罪（サービスの提供など財産上の利益を得た場合）の成立を認めています。これに対して，学説は多様に分かれています〈各 334 頁以下〉。

　詐欺罪否定説の重要な根拠は，加盟店に対する欺罔行為の不存在ですが，クレジットシステムは，カード会員・加盟店・信販会社の三者間相互の信頼関係の上に成り立っており，カード会員の支払意思・能力の存在がシステムの基礎なので，加盟店は会員の支払意思・能力に関心がないとはいえず，欺罔行為と評価することができるでしょう。

　判例と同様に，加盟店を被欺罔者，処分行為者，被害者とする見解によれば，支払意思・能力がないのに加盟店に対してカードを提示する行為が欺罔行為であり，それにより加盟店が錯誤に陥り，錯誤に基づいて商品を交付することが処分行為であり，加盟店が商品を交付し，その占有を失ったことが財産上の損害となります。しかし，後で述べるように，個別財産の喪失それ自体を損害と解する形式的個別財産説は妥当でないのみならず，加盟店は信販会社からの立替払いによって実質的な損害を被らないがゆえに，加盟店を被害者とすることには疑問があります。

　信販会社を被欺罔者，処分行為者，被害者とする見解もありますが，信販会社は欺罔されたことを知っていても，売上票を受け取れば，必ず立替払いをしなければならず，錯誤に基づく処分行為は存在しない

のです。

　したがって，加盟店を被欺罔者，処分行為者とし，信販会社を被害者とする三角詐欺の構造と捉えて，2項詐欺とする見解が妥当でしょう。すなわち，加盟店は，信販会社のためその財産を処分する地位にあり，その処分行為により信販会社が立替払いをして，会員が代金債務を免れたことを不法利得とみるわけです。クレジット詐欺は，いわゆる三角詐欺の構成によるのが妥当であり，被害者を信販会社とする以上，この理論構成が妥当でしょう。なお，詐欺罪の既遂時期は，1項詐欺罪説によれば，商品の交付により，詐欺罪は既遂となりますが，2項詐欺罪説によれば，会員が商品を購入した時点で，信販会社がその債務を引き受けることにより会員は代金債務を免れるという利益を得たとして，既遂を認める見解が妥当でしょう。さらに，他人名義のクレジットカードを使用する場合について，カード名義人の使用許諾がある場合が問題となりますが，「ガソリン給油事件」〈各337頁〉において，最高裁は，1項詐欺罪の成立を認めました。

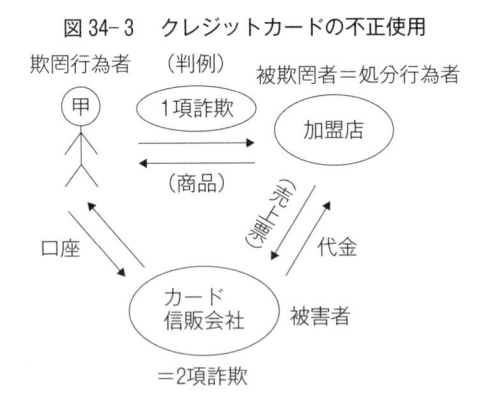

図34-3　クレジットカードの不正使用

7　財産的損害

　詐欺罪が成立するためには，欺罔行為によって財物の交付または財産上の利益の移転があることが必要ですが，とくに「財産上の損害」という要件が条文上明示されているわけではありません。すなわち，詐欺罪は，財物・財産上の利益の移転それ自体が損害とされる個別財産に対する罪であり，判例によれば，財産的損害の有無は重要事項か否かの間接事実とされています。しかし，詐欺罪が問題となる領域は，一定の取引関係があることから，相互的な給付関係があり，被害者側は行為者側から反対給付を得ており，それを無視して，「騙されなかったら買うつもりはなかった」場合に，すべて詐欺罪の成立を認めるのは妥当でないと思います。被害者が対価を受領した場合にも，つねに損害があるとするのは，損害を不要とすることになり，詐欺罪の財産犯性が没却されてしまいます。したがって，財産的損害は詐欺罪における「書かれざる構成要件要素」として位置づけられるべきでしょう〈各 339 頁〉。

　詐欺罪における財産的損害については，形式的個別財産説と実質的個別財産説との対立があります〈各 340 頁以下〉。形式的個別財産説は，個別財産の喪失を損害と解し，形式的に錯誤に基づいて交付した以上，交付自体が損害であり，対価の提供は騙取の手段に他ならないとする考え方です。これに対して，実質的個別財産説は，損害を実質的に理解する考え方ですが，どのように実質的に考えるかが問題となります。判例も，何について偽ったかという視点から損害を実質的に理解しています。たとえば，「電気あんま事件」〈各 339 頁〉においては，「商品の効能」について偽ったことが損害と解されています。よく出される例ですが，エロ本屋のオヤジさんは，道徳心が強いので（笑），18 歳未満には絶対売らないとしていたところ，どうしてもエロ本が欲しい高校生がヒゲなどで変装して成年と偽って相当の代金を支払ってそ

れを購入した行為に詐欺罪は成立するでしょうか。この場合，オヤジさんに財産的損害がないから詐欺罪は成立しないと解するべきではないでしょうか。

結局，騙した内容が問題となり，それは「社会的に見て一定の経済的価値に評価し直せるもの」かどうかという基準によるわけです〈各343頁〉。この場合，有効な移転意思の存在は「法益関係的錯誤」がある場合にのみ否定されるという立場から，被欺罔者＝処分行為者に「法益関係的錯誤」がある場合に，詐欺罪の成立要件としての錯誤が認められ，それに基づく処分行為による物・利益の移転について法益侵害性が肯定され，詐欺罪が成立するという見解も主張されています〈各342頁〉。その他，行為者が相手方に対し，虚偽の事実を告知することにより，相手方の債務の履行時期を本来のそれよりも早める場合〈各343頁以下〉，債権の回収にあたり，債務者が担保の目的物を処分することによりその代金を弁済に充てるべく，債権者側から担保権の放棄を受けたが，債務者による目的物の処分が第三者に対する正規の売却ではなかった場合〈各345頁以下〉，虚偽の申立てにより証明書等の交付を受けた場合〈各346頁以下〉など，多くの判例がありますので検討する必要があります。

8　不法原因給付と詐欺

欺罔行為による財物の交付が不法原因に基づくために交付者に返還請求権がない場合（民法708条），詐欺罪が成立するかが問題となります〈各350頁以下〉。たとえば，判例は，通貨偽造の資金と偽って金銭を詐取した場合，売春をすると偽って前借金を詐取した場合などについて，詐欺罪の成立を認めています。学説においては，財産の処分は法の禁止する目的を実現する意図で行われたのであって，法の保護の外にあるから，財産的損害は発生していないとして，詐欺罪の成立を

否定する見解もありますが，財物の交付により不法原因給付が成立するとしても，交付以前においては当該財物には何らの不法は存在せず，当該財物は刑法上の保護に値すると思います。

　次に，代金を支払うと偽って売春をさせたり，報酬を支払うと偽って犯罪行為を行わせた上で，支払いを免れたような場合に，2項詐欺罪が成立するかが問題となります。下級審において，否定したものと肯定したものとがあります〈各352頁〉。否定判例は，売春行為は公序良俗に反するから，その契約は無効であって売春代金債務を負担することはなく，その支払いを免れても財産上不法の利益を得たとはいえないとして2項詐欺罪の成立を否定し，肯定判例は，民事上契約が無効であるか否かということと刑事上の責任の有無とはその本質を異にし，詐欺罪が処罰されるのは単に被害者の財産上の保護にのみあるのではなく，違法な手段によって社会秩序をみだす危険があるとして同罪の成立を肯定しています。売春行為は公序良俗に反するから，契約は無効であり，したがって，法的保護に値する財産上の利益とはいえず，2項詐欺罪の成立は否定されるべきでしょう。

第 35 講　恐喝罪

1　序　説

　恐喝罪（249条）は，人を恐喝して財物または財産上の利益を領得する領得罪です〈各364頁以下〉。財物につき占有者の意思に基づく占有移転を要件とする交付罪である点で，盗取罪である窃盗罪と異なり，暴行・脅迫の程度が反抗抑圧にまで至らない点で，強盗罪と異なります。また，相手方の瑕疵ある意思に基づいて交付・処分行為を行わせる点で，詐欺罪と共通するが，暴力的な手段により，身体・意思の自由を害する点で異なります。また，準詐欺罪にあたる規定はありません。財物を対象とする恐喝が1項恐喝罪，財産上の利益を対象とする恐喝が2項恐喝罪です。

2　権利行使と恐喝罪

　自己の権利を実現するために恐喝手段が用いられた場合，恐喝罪が成立するかが問題とされてきました〈各368頁以下〉。この問題については，2つの事例群が区別されなければならないでしょう。

　1つは，他人が不法に占有している自己の所有物を取り戻す場合であり，この事例は，242条の解釈問題であり，財産犯の保護法益論によって解決されます。すなわち，本権説によれば，財産犯である恐喝罪は成立せず，手段の違法の面で脅迫罪が成立するにすぎず，占有説によれば，恐喝罪が成立するという帰結になるでしょう。

　もう1つは，正当な債権を有する者が恐喝手段を用いて弁済を受ける場合であり，これが一般に「権利行使と恐喝」として議論される問

題です。この事例では，債務者である相手方は，債権者に支払うべき債務を負担してはいますが，その所有する金銭を適法に占有しているのですから，財産犯の保護法益論である「本権説か占有説か」の議論とは異なる問題だと思います。

権利行使と恐喝罪の成否の問題については，判例の立場には変遷がみられます。戦前の判例は恐喝罪の成立を否定していました。しかし，その後，「脅迫による債権取り立て事件」〈各369頁〉では，3万円の債権を取り立てるに際し，恐喝により6万円交付させた事案について，他人に対して権利を有する者が，その権利を実行することは，その権利の範囲内であり，かつ，その方法が社会通念上一般に忍容すべきものと認められる程度を超えない限り，違法ではないが，その範囲，程度を逸脱するときは違法となり，恐喝罪が成立するとして，6万円全額について恐喝罪の成立が肯定されました。このように，現在の判例によれば，恐喝による財物・利益の移転があれば，恐喝罪の構成要件該当性が肯定され，権利の範囲内であり，用いた手段が必要かつ相当なものであれば，違法性が阻却されることになります。

すなわち，他人に対して権利を有するか否かという「権利の存在」，その権利を実行したものであるか否かという「権利の実行」，権利の範囲内でありかつその方法が社会通念上一般に忍容すべきものと認められる程度であるか否かという「権利の行使方法の相当性」について，それぞれの要件の類型化が必要となるでしょう。なお，権利行使として違法阻却となった場合に，脅迫罪の違法性も阻却されるか否かが問題となります。財産権侵害の違法性が阻却されても，心理的平穏侵害の違法性がなお肯定される場合には，脅迫罪の成立を認めることができるでしょう。

第 36 講　横領罪

1　序　説

　横領罪（252条以下）は，領得罪の一種ですが，他人の占有を侵害しない点で，窃盗罪等の奪取罪と区別されます。業務上横領罪（253条）は単純横領罪（252条）の加重類型であり，他人との信頼関係に違背して財物を領得する犯罪であるのに対して，占有離脱物横領罪（254条）は他人の占有を離れた物を単に領得する犯罪であり，前2者と性質を異にします。横領罪は，他人から委託されて他人の物を占有することから，委託物横領罪と称されます。委託物横領罪の第1次的な保護法益は，客体が「自己の占有する他人の物」に限定されていることから，物の「所有権」であり，したがって，賃借権や質権を侵害しても横領罪とはなりません。横領罪の第2次的な保護法益は，「委託関係」であり，これは法文上規定されていない「書かれざる構成要件要素」ですが，占有離脱物横領罪との区別のために必要となります〈各373頁〉。

2　主　体

　本罪の主体は，他人の物の占有者または公務所から保管を命ぜられた自己の物の占有者です。したがって，本罪は，65条1項の真正（構成的）身分犯です。

3　客　体 —— 自己の占有する他人の物

　委託物横領罪の客体は，「自己の（委託関係に基づいて）占有する他

人の物」であり，物であること，占有が委託に基づくこと，自己が占有していること，それが他人の物であることが必要です。本罪における「物」は，窃盗罪における「財物」と同義ですが，動産のほかに不動産も含まれます。また，債権のような権利や利益も本罪の客体にはならず，したがって，利益横領は不可罰であり，背任罪の成立可能性だけが問題となります。自己の占有は，所有者その他の権限者からの委託に基づくことが必要です。委託関係の存在しない場合，たとえば，遺失物，漂流物，誤って占有した物，他人の置き去った者などの場合は，本罪は成立せず，占有離脱物横領罪が成立します。委託関係は，物の保管を内容とする契約（委任，寄託，賃貸借，使用貸借など）などから生じます。

4　占　有

　自己の「占有する」他人の物でなければなりません。窃盗罪における占有が，物に対する事実的支配を意味するのに対して，横領罪における占有は，事実的支配のみならず，法律的支配も含みます〈各 376 頁〉。これは，横領罪における占有のもつ意味が，その排他力にあるのではなく，濫用のおそれのある支配力にあることに理由があります。

　まずは，不動産の占有についてです。登記済不動産については，所有権の登記名義人に占有があります。登記済不動産については，所有権を侵害できるのは登記簿上の名義人だけであり，不動産の賃借人のように不動産を事実上支配している者には占有は認められません。登記名義人とはなっていないが，登記済証，委任状などの登記手続に必要な書類を所持している場合に，その者に不動産に対する占有を肯定できるか否かが問題となりますが，判例・通説はこれを肯定しています〈各 376 頁〉。本罪の占有が物の処分可能性であることから，これらの場合にも占有を肯定できるわけです。

各　　論　　個人的法益に対する罪

　次に，預金による金銭の占有については，いくつかの類型がありま
す〈各377頁以下〉。

　①他人の金銭の保管者がこれを銀行に預金し，これが委託の趣旨に
反しない場合に，預金者が銀行に預金されている金銭について刑法上
占有を有するか否かが問題となります。預金者は，預金を自由に処分
できる地位にあることから，金融機関が事実上支配する不特定物であ
る金銭について預金額の限度で法律的支配を有すると解することがで
きるでしょう。

　②誤振込みの場合が問題となります〈各378頁以下〉。問題は，振込
依頼人の過誤による場合ですが，この場合に，受取人が誤振込みであ
ることを知りながら，その事実を秘して払戻しを請求して金銭を取得
する行為の罪責が問題となります。以前，下級審は，誤振込みに係る
預金をそれと知りつつ払戻しを受けた事案につき，詐欺罪の成立を肯
定する立場が主流であり，その根拠は，誤振込みによる預金の場合，
受取人は預金債権を取得しておらず，正当な払戻権限はないという点
にありました。しかし，その後，最高裁平成8年民事判決が，誤振込
みの場合でも預金債権が有効に成立すると判示した結果，これが刑事
判例にどのように影響を与えるかが問題となりました。最高裁平成
15年決定〈各379頁〉は，詐欺罪の成立を肯定しました。本決定は，
受取人には正当な預金払戻権限があることを前提に，預金払戻請求を
受けた銀行側が，誤振込みであることを知れば，払戻請求に対してど
のように対応したかという観点から詐欺罪の成否を検討し，欺罔行為
を，被仕向銀行に対し一時預金の払戻しを停止して調査，照会をし，
組戻しの手続を採る機会を与えることなく直ちに預金の払戻しをさせ
る行為（告知義務違反の不作為）に求めました。

5　物の他人性

「他人の」物とは，他人の所有に属する財物をいいます。

まずは，「二重売買」（目的物を売却した後に，動産の場合は引渡し，不動産の場合は所有権移転登記がなされていないうちに，これをさらに第三者に売却した場合）を例に考えましょう〈各382頁〉。動産・不動産の売買においては，民法の意思主義（民法176条）によれば，売買契約の成立によって所有権は移転します。登記簿の名義人はまだ売主なので，売主に占有があります。売主に登記協力義務がありますので，委託関係も認められ，第三者に売却し登記を完了させる行為は横領行為と認められることから，売主には横領罪が成立します。二重売買が既遂となるのは，動産の場合は，売却の意思表示の時点であり，不動産の場合は，第2譲受人に登記など対抗要件が備わった時点と解されています。不動産の場合には，対抗要件である登記がなされたことによって，第1譲受人は確定的に所有権を喪失したことになるからです。

売主に横領罪が成立する場合，その事情を知る第2譲受人の罪責が問題となります。動産については，盗品等有償譲受け罪が成立します。不動産については，売主の横領行為に関与したことから，65条1項によって，第2譲受人に横領罪の共犯（共同正犯）が成立するという結論に至るわけではありません。なぜなら，第2譲受人が単純悪意の場合は，民法177条によって，有効に対抗要件を備えた所有権を取得することから，その場合に，刑法上違法とすることはできないからです。これに対して，第2譲受人が背信的悪意者の場合には，民法177条の「第三者」から排除されることから，横領罪の共犯（共同正犯）が成立することとなるでしょう。

次に，寄託された金銭の所有権をどのように解すべきかが問題となります〈各387頁以下〉。とくに，使途を定めて金銭が寄託された場合が問題となります。判例は，一定の目的・使途を定めて寄託された金

銭は，特別の事情のない限り，寄託者の所有に属し，受寄者がその目的・使途以外に処分ないし費消する場合には，横領罪を構成するとしています。この問題は，民事法上の「占有と所有の一致」原則を貫徹させるか否かによって決定されます。すなわち，この原則は，金銭の流通に関する取引の安全（動的安全）を保護するものであり，寄託者と受寄者との間の内部的な所有関係（静的安全）を保護する刑法にそのまま適用するのは疑問であると考えれば，金銭の所有権は寄託者にあり，受寄者による不法処分は横領罪にあたることになります。もっとも，この場合，寄託された金銭自体の特定性には意味がないから，特定された金銭についての所有権ではなく，「金額所有権」を認めることになります。

6　不法原因給付物

　不法原因のため給付した者は，給付物の返還を請求することができないとされています（民法708条）。そこで，不法原因に基づいて委託された物（たとえば，麻薬購入の代金あるいは選挙の買収資金として預かった金銭）を領得した場合，横領罪が成立するかが問題となります〈各388頁以下〉。判例は，従来から横領罪の成立を肯定していますが，その根拠として，横領物の目的物は単に犯人の占有する他人の物であることを要件としており，必ずしも物の給付者において民法上その返還を請求し得べきものであることを要件としていないというものです。

　しかし，最高裁昭和45年大法廷判決〈各388頁〉は，妾関係を維持する目的で未登記不動産（建物）を妾に贈与し，それを引き渡した事案につき，贈与契約は公序良俗に反して無効であり，また，建物の引渡しは不法の原因に基づくもので，贈与者はその所有権を主張して返還請求できず，その反射的効果として，目的物の所有権は贈与者の手を離れて受贈者に帰属すると判示しました。

　この民事判例の登場により，学説は，不法原因給付物は「他人の物」ではないことになるから，横領罪の成立を認めるのは困難であるという見解と，依然として横領罪の成立を肯定する見解とに分かれました〈各 389 頁〉。これに対して，学説上有力化したのは，民法 708 条の「給付」を「終局的な利益を移転すること」と限定的に解釈して，刑事判例上の禁制品の購入や贈賄のような不法な目的で金銭を移転させるのは寄託であって給付ではないから，所有権は寄託者に残り，受寄者がこれを費消などすれば，横領罪が成立するという見解でした。しかし，この見解に対しては，民法上，給付と寄託を区別する解釈を採用し得ないという疑問が提起され，結局，給付か寄託かを区別することなく，不法原因給付の場合には，所有権は移転し，したがって，横領罪の成立は認められないこととなるでしょう。

7　行　為

　横領とは，「不法領得の意思を実現する一切の行為」です〈各 390 頁以下〉。判例によれば，横領罪における不法領得の意思とは，「他人の物の占有者が委託の任務に背いて，その物につき権限がないのに所有者でなければできないような処分をする意思」をいいます。窃盗罪における不法領得の意思と比較すると，2 つの点で異なっています。1 つは，横領罪には占有侵害の面がないことから，「権利者を排除する意思」が要素とされていないこと，もう 1 つは，「経済的用法に従い」という限定が付されていないことがこれです〈各 391 頁〉。したがって，窃盗罪における不法領得の意思よりも広い概念となっています。

　私は，横領罪における不法領得の意思を，窃盗罪と同様に，「自己の占有する他人の物を，委託の趣旨に反して，その物の経済的用法に従い利用・処分する意思（効用を享受する意思）」と解するとともに，

他方，窃盗罪と異なり，目的物が行為者の占有下にあり，また，委託の趣旨から一定の処分も可能であることから，横領の「故意」の内容を構成するものと位置づけます。さらに，横領罪における不法領得の意思には，「委託の任務に違反することの認識」が含まれるべきであり，この認識を欠くときは横領の故意が認められず，横領罪は成立しません。個別的には，毀棄・隠匿の意思，一時使用の意思，補填意思の存在，相殺の意思，第三者領得の意思，穴埋め横領，本人のためにする意思などについて検討する必要があります。

　横領罪には未遂の処罰規定がないため，その既遂時期が問題となりますが，不法領得の意思が外部に発現したときに既遂となります〈各397頁以下〉。したがって，動産の売却については，他人の動産を第三者に売却する意思を表示した以上，相手方が買受けの意思表示をしなくても既遂に達します。不動産の二重売買や抵当権設定のように，登記の移転等が対抗要件とされている場合には，売却の意思表示や契約締結の時点ではなく，所有権移転登記の完了により確定的に所有権侵害が生じることになるので，この段階で既遂に達すると解するべきでしょう。

8　横領物の横領

　横領罪の罪数に関連して問題となるのは，横領後の横領（横領物の横領），すなわち，同一物に対して再度横領罪が成立するか否かという点です〈各399頁以下〉。最高裁は，以前，横領罪が状態犯であることから，横領行為後に当該目的物をさらに処分する行為は不可罰的事後行為であり，再度横領罪は成立しないと解してきました。これに対して，最高裁平成15年大法廷判決〈各399頁〉は，従来の判例を明示的に変更し，先行の抵当権設定行為が存在することは，後行の所有権移転行為について犯罪の成立自体を妨げる事情にはならないと判示

しました。

　横領物の横領については，次のような問題があります〈各400頁以下〉。第1に，第1行為である抵当権設定行為が（業務上）横領罪を構成するか否か，第2に，第1行為が横領罪を構成する場合に，同一物についてさらに横領罪が成立し得るか，第3に，第1行為も第2行為も横領罪を構成する場合に，両行為の罪数処理はどのようになるかです。部分横領を肯定し，第2行為についても横領が認められる以上，横領罪は数罪成立し得ることになることから，第1行為は不可罰的事前行為とはならず，また，第2行為も不可罰的事後行為とはならず，法益，目的物，被害者が同一であることから，包括一罪として処理されるべきでしょう。

9　業務上横領罪

　本罪は，業務上他人の物を占有する者を主体とするものであり，単純横領罪の加重類型です〈各402頁以下〉。その加重根拠について，判例は，法益侵害の範囲が広いため，違法性が加重されると解していますが，個別の領得行為において法益侵害の範囲が広いとはいえないでしょう。本罪の加重根拠は，業務者であることによる責任非難の増大に求められるべきであると思います。

10　占有離脱物横領罪（遺失物等横領罪）

　「占有を離れた他人の物」とは，占有者の意思に基づかずにその占有を離れた物で，誰の占有にも属していないもの，および，委託関係に基づかずに行為者の占有に属したものをいいます。このうち，前者を「遺失物」といい，「漂流物」とは，その中で水面または水中に存在するものをいいますが，いずれも「占有を離れた物」の例示にすぎません。その他，過誤払いの金銭，誤って配達された郵便物などが占

有離脱物にあたります。本罪の客体は，「他人の物」でなければならず，所有者が所有権を放棄した物，無主物は客体から除かれます。

11　親族間の犯罪に関する特例

　横領の罪には，親族相盗例（244条）が準用されます（255条）。委託物横領罪の第1次的な保護法益は所有権ですから，親族たる身分関係は，行為者と委託者のみならず，目的物の所有者との間にも存することを要します。占有離脱物横領罪の場合には，委託者が存在しないため，行為者と所有者との間に親族関係があれば足ります。なお，後見人と被後見人との間に親族関係があるときに，後見人が自己の管理する被後見人の財物を横領した場合にも244条が準用されるかが問題となります。最高裁は，成年（未成年）後見人と被後見人という関係の公的性格を重視して，244条の準用を否定しています〈各407頁以下〉。

第 37 講　背任罪

1　序　説

　それでは，背任罪（247条）です。背任罪は，他の財産犯が成立しない場合の受け皿的な犯罪であり，受け皿的な構成要件の一つといえるでしょう。受け皿的な構成要件としては，ほかに，強要罪，業務妨害罪などが挙げられます。実は，私も単位の受け皿と言われています。以前，早稲田で刑法を担当されていた先生方の授業が「落単」科目だったのに対して，私のは「楽単」科目といわれ，1年配当科目の刑法総論を再履修する3年生や4年生，さらにはそれ以上の学年の学生たちの多くの命を救ってきたわけです（笑）。

　背任罪にあたる典型例は，たとえば，銀行の支店長が十分な担保を取らずに融資を行ったり（不良貸付），土地の売却を依頼された者が買主と共謀して，時価相当額より安価に売却したような場合です。すなわち，背任罪は，他人のためにその事務を処理する者（事務処理者）が，自己もしくは第三者の利益を図りまたは本人に損害を加える目的で（図利加害目的），その任務に背く行為（任務違背行為）をし，本人に財産上の損害を加えた場合に成立する犯罪です。

　背任罪の基本的性格について，判例・通説は，背信説を採用しています〈各409頁〉。背信説は，本人との間に存する信任関係違背による財産侵害と捉える見解です。背信説によれば，背任罪は，第三者に対する対外関係に限らず，本人との対内関係においても成立し，また，法律行為に限らず，事実行為についても成立することになりますが，その信頼関係・信任関係の概念が不明確であり，たとえば，民事上の

単なる債務不履行にすぎないものまで背任罪になりかねず，背任罪の成立範囲を限定する必要があります。

2　主　体

　背任罪の行為主体は，他人のために他人の事務を処理する者，すなわち，他人（自然人・法人・権利能力なき社団，国・地方公共団体など）に対する内部関係において一定の任務に従って他人の事務を処理すべき信任委託関係を有する者です。本罪の行為主体は，これらの者に限定された真正（構成的）身分犯です。信任委託関係は，法令，契約，慣習，事務管理によっても発生しますが，売買などの双務契約における各当事者は，相手方に債務を負っていますが，この債務履行は他人に関する自己の事務にすぎないので，他人の事務処理者にあたらないわけです。

　「自己の事務」と「他人の事務」の区別基準は，対向関係か対内関係かに依拠し，債務不履行は前者に属することから，背任罪を構成しないのです〈各411頁〉。たとえば，他人に本を売る契約をして，代金を受け取ったが，まだ本を渡していない場合には，単なる債務不履行であり，背任罪の成立は認められず，また，他人から本を借りていたが，それを古本屋に売却した場合も，横領罪は成立しますが，背任罪の成立は認められません。これらは，契約上自ら負担する事務であり，対向的な契約当事者間の合意として自ら行うべきものとされ，事務処理を委託するという信任関係は存しないのです。

　この区別が問題となるのが，「二重抵当」の場合です〈各411頁以下〉。判例によれば，登記協力義務は，「主として」他人の事務であるとし，抵当権設定義務それ自体が他人の事務にあたるとされました。この場合，対向関係（債務不履行）から対内関係（背任）への移行があるか否かが判断基準となります。登記の一件書類の交付や融資金の授受が

終了する前の段階であれば，単なる債務不履行が認められ，それ以降の段階であれば，財産の実質的処分権限が移転し，その権限を保全する義務を負うことになり，登記協力義務は，主として「他人の事務」にあたると解するべきでしょう。

3　任務違背行為（背任行為）

「任務に背く行為」とは，本人からの信任委託の趣旨に反する行為をいいます〈各 414 頁以下〉。任務違背があるか否かは，処理すべき事務の性質・内容，事務処理者の地位や権限，行為当時の具体的状況に照らして判断されます。その際，法令・通達，企業の内規や定款，本人との契約などに反していないかという形式的な判断基準が重視されますが，総合的にみて，それが本人にとって実質的に利益となる場合もあるでしょう。たとえば，不良貸付の場合，長期的にみれば将来の財産的利益が見込まれる場合，金融機関の対外的信用の維持などの非財産的利益がもたらされる場合などがこれです。したがって，任務違背行為とは，それ自体として財産上の損害をもたらし，かつ，実質的・総合的にみても本人にとって不利益な行為であると解するべきでしょう。

4　主観的要件

背任罪は目的犯であり，故意のほか，自己もしくは第三者の利益を図り，または本人に損害を加える目的があったことが必要です。本罪の故意が認められるためには，自己が他人の事務処理者であること，自己の行為が任務に違背すること，それによって本人に財産上の損害を加えることについての認識が必要です。故意のほかに図利加害目的がなぜ必要なのかが問題です〈各 417 頁以下〉。なぜなら，故意があれば，少なくとも加害目的は認められるのではないかという疑問が生じ

るからです。判例・通説は，故意を有して任務違背行為を行っている以上，原則として背任罪の成立を認め，それが本人の利益を図る目的によるものである場合には，例外的に不処罰とするという「消極的動機説」を採用しています。これによれば，図利加害目的と本人図利目的とが併存する場合，故意があれば原則として図利加害目的は肯定されるので，本人図利目的が決定的動機となっていない限りは，図利加害目的は否定されません。

5　財産上の損害

　背任罪は，本人に財産上の損害という結果が発生したときに既遂となり，任務違背行為はあったがこの結果が発生しなかった場合には，未遂罪が成立するにとどまります（250条）。

　財産上の損害の意義については，次の点が問題となります〈各420頁以下〉。第1に，財産上の損害の内容は，既存財産を減少させる積極的損害であると，既存財産の増加を妨害する消極的損害であるとを問いません。第2に，背任罪は，個別財産に対する罪ではなく，全体財産に対する罪ですから，任務違背行為により財産上の損失が生じても，これに見合った財産の増加がある場合には，財産上の損害は発生しないことになります。問題は，どのような場合に「対応する反対給付」があったといえるかという点であり，対応する反対給付の存否自体が明らかではない場合もあります。第3に，財産上の損害の有無は，経済的見地から判断されなければならず，たとえば，不良貸付の場合，債権者は，貸金債権を有するから法律的には財産の減少はないが，経済的見地からみれば，回収が困難であることから，財産上の損害は存在することになります。問題は，背任罪の既遂時期であり，一般に，回収見込みのない貸付を行った場合，その時点で既遂に達しており，その後の経済的事情から当該貸付金について弁済ができたとしても，

それは情状にすぎないと解されています〈各 422 頁〉。

6　共　犯

　背任罪は，真正（構成的）身分犯ですから，これに関与する非身分者は，65 条 1 項により背任罪の共犯となります。問題は，取引の相手方（たとえば，不良貸付の相手方）が背任罪の共同正犯になるのか否かという点です〈各 423 頁以下〉。この問題については，「住専事件」〈各424 頁〉，「北國銀行事件」〈各 424 頁〉，「イトマン絵画取引事件」〈各425 頁〉，「石川銀行事件」〈各 425 頁〉という一連の判例があります。これらの判例においては，背任罪の共同正犯が認められる場合として，「当事者間の利害の一致」と「積極的な働きかけ」が基準とされていますが，要するに，取引の相手方が，事務処理者の財産処分に関して「重要な役割」を果たしている場合に背任罪の共同正犯が肯定されており，そうであれば，共同正犯（さらに共犯全体）の一般的成立要件の問題として処理すれば足りるように思われます。

7　横領罪との関係

　背任罪と横領罪は，その主体が異なり，前者が「他人の事務処理者」であるのに対し，後者は委託による「他人の物の占有者」です。たとえば，他人から本を借りている者は，横領罪の主体となりますが，他人の事務処理者ではないから，背任罪の主体ではありません。

　問題は，他人の物の占有者が，他人の事務処理者である場合，すなわち，物に対して，委託の趣旨に反する売却の不当な処分につき，横領罪と背任罪のどちらが成立するかです〈各 426 頁以下〉。たとえば，A 株式会社の社長が，X との愛人関係を維持するため，X からの融資の依頼に応じて，自らが管理する会社資金を X に融資した場合，会社資金の横領罪が成立するのか，あるいは，背任罪が成立するのかが

問題となります。背任罪は全体財産に対する罪であり，横領罪は個別財産に対する罪であり，両者は異なる犯罪です。しかし，侵害される財産は実質的に同一であることから，両者が競合する場合には，法条競合として一方だけが適用されることになります。背任罪と横領罪は，二つの円が交差する関係にあり，その重なり合っている部分が問題となるわけです。横領罪と背任罪の区別について（図37-1），これまで学説は多様に分かれていましたが，現在では，横領罪の法定刑が重いことから，まずは横領罪の成否を問題として，それが否定された場合に，背任罪の成否を問題にすればよいわけで，その意味で，横領罪と背任罪の区別は，横領罪の構成要件該当性であるという考え方が主流です。したがって，横領罪の客体は他人の「物」であるから，客体が利益である場合には，最初から背任罪の成否を問題とすれば足り，客体が物である場合に，まず横領罪の成否を検討し，それが否定された場合に，次に背任罪の成否を検討するという順になります。

　横領罪と背任罪の区別基準が横領罪の構成要件該当性にあることから，横領行為が認められるか否か，すなわち，不法領得の意思の実現があったか否かが問題となります。客観的に委託の趣旨に反した物の処分が行われ，それが自己の利益を図ったものである場合には，不法領得の意思が肯定されるから，横領罪の成立が認められます。これに対して，もっぱら本人のためにその利益を図る意思で処分が行われた場合には，不法領得の意思が否定され，横領罪は成立せず，図利加害目的も同時に否定されることになり，背任罪の成立も否定される可能性が高いですが，別途，背任罪の成否を検討して，結論づけるべきでしょう。

　問題は，第三者の利益を図って他人の物の処分が行われた場合であり，判例の主流は，本人の名義・計算で行われた場合は背任罪，自己の名義・計算で行われた場合は横領罪の成立を認めています。これも

結局，後者の場合には，不法領得の意思の存在が肯定されることと同じことでしょう。

表 37- 1　横領と背任の区別

	財物	財産上の利益
権限逸脱	横領 （領得の意思）	背任
権限濫用	背任	背任

第38講　盗品等に関する罪

1　序　説

　盗品等に関する罪（盗品等関与罪）（256条）は，「盗品その他財産に対する罪に当たる行為によって領得された物」（以下，盗品等とする）を無償で譲り受けた場合（1項），運搬し，保管し，もしくは有償で譲り受け，またはその有償の処分のあっせんをした場合（2項）に成立する犯罪です〈各430頁以下〉。

　本罪の保護法益は，前提犯罪である財産犯の被害者が，被害物に対して有する回復請求権（追求権）であり，盗品等関与罪は，盗品等の売却や運搬などを行うことによって，被害者の有する「取返し」という権利の行使を妨げる点に，その基本的な処罰根拠があります（追求権説）。しかし，2項の法定刑は1項に比べてかなり重く，また，罰金が併科され窃盗や詐欺よりも重いこと，回復が最も困難となる盗品の毀棄行為が処罰されていないこと，盗品等関与者の構成要件がいずれも交付者・受交付者間の合意を必要としていることなどから，付加的な処罰根拠として，本犯助長性と利益関与性があります。

2　客　体 —— 盗品等の意義

　本罪の客体は，「盗品その他財産に対する罪に当たる行為により領得された物」です。本犯（前提犯罪）となり得るのは，窃盗罪，強盗罪，詐欺罪，恐喝罪，横領罪といった「財産に対する罪」です。したがって，たとえば，収賄罪によって収受した賄賂，賭博罪によって取得した財物などは除かれます。なお，本条の罪も本犯となりえます。

本犯は，財産罪に「当たる行為」で足りるから，犯罪として成立する必要はなく，構成要件に該当し違法であれば足り，有責である必要はありません。本犯は，原則として既遂に達していなければなりません。それ以前の関与行為は，本罪ではなく，本犯の共犯の成立が認められます。本罪の客体は，「物」でなければならず，したがって，財産上の利益については，財産罪が成立することはあるものの（2 項犯罪），本罪の客体には含まれません。不動産については，登記名義の移転によって，追求を法律上困難にし得ることから，本罪に含むことができるでしょう。しかし，不動産を動かすことはできない以上，「運搬」の客体とはなりません。本罪の客体は，被害者が，法律上，追求すなわち返還請求をすることができるものでなければなりません。被害者が法律上の追求権を失った場合には，盗品等としての性格を失うことになります。取り消し得る行為，即時取得，不法原因給付物，禁制品，加工・付合，代替物などについて検討が必要です〈各 433 頁以下〉。

3　行　為

　本罪の行為は，無償譲受け，運搬，保管，有償譲受け，有償処分のあっせんの 5 つです〈各 435 頁〉。追求権説によれば，追求権の侵害によって本罪が成立することになりますが，その成立時期はいつかが問題となります。追求権の侵害は，被害者の追求を困難にすることであり，それは盗品等を移転させた時がそれにあたるでしょう。したがって，無償譲受け，運搬，保管，有償譲受けについて，約束・合意しただけでは足りず，盗品が移転することが必要です。有償処分のあっせんについては，判例は，あっせん行為をすれば直ちに本罪が成立し，盗品等の移転さらには契約の成立も必要ではないと解しています。しかし，あっせん行為だけでは追求権を困難にしたとはいえないことから，他の行為類型と同様に，盗品等の現実の移動が必要であると解す

191

るべきでしょう。

4　被害者への盗品等の返還

　追求権説によれば，盗品等を被害者の下に返還する行為は，追求権を実現するものであることから，盗品等関与罪は成立しないと解するのが一貫しています。しかしながら，判例は，一定の場合には，被害者のもとに返還する行為について本罪の成立を肯定しています。たとえば，「被害者相手処分あっせん事件」〈各437頁〉などにおいて，判例は，盗品等を被害者の下に返還する行為に本罪が成立する根拠として，正常な回復を困難にするものであること，本犯の利益のためであること，本犯を助長し誘発するおそれがあることを挙げています。

5　主観的要件

　まず，本罪が成立するためには，盗品等の所持者と行為者との間に意思疎通が必要です。これを欠く行為には，本犯助長性ないし利益関与性を肯定することができないからです。次に，本罪が成立するためには，盗品等であることの認識（知情）が必要であり，その認識は未必的なもので足ります。知情の時期は，行為の性質によって異なり，無償譲受け・有償譲受けの場合は，目的物の引渡し時に認識がなければならず，引渡し後に盗品等であることを知っても，これらの罪は成立しません。問題は，運搬・保管の場合に，盗品等の占有移転の時点では，盗品等の認識がなく，その後に盗品性を認識した場合に，本罪が成立するか否かです〈各439頁〉。判例は，本罪の成立を認めていますが，追求権の侵害は，占有移転にあることから，その時点で盗品性の認識が必要であり，さらに，盗品性を認識した後における意思連絡があってこそ本犯助長性が認められることから，本罪の成立を認めるべきではないと思います。

第 39 講　毀棄・隠匿罪

1　序　説

　毀棄・隠匿罪（258 条以下）は，文書，電磁的記録，建造物，艦船，その他の物などを「毀棄」「損壊」「傷害」した場合，および，信書を「隠匿」した場合に成立する犯罪です〈各 443 頁以下〉。毀棄・隠匿罪の保護法益は，毀棄・隠匿の対象となる「物の効用」であり，器物損壊罪や建造物等損壊罪については，客体が他人の所有に属することが要件ですから，保護法益は所有権と解することができます。

2　毀棄の概念

　毀棄の意義については，物理的損壊説（財物の物理的損壊と解する説）と効用侵害説（財物の効用を害する一切の行為を含むと解する説）との対立があり，判例・通説は，効用侵害説を採用しています〈各 443 頁〉。効用侵害説によれば，①隠匿する行為，②単に財物の占有を喪失させる行為，③感情的・心理的に財物の利用を不可能にする行為なども毀棄にあたることになります。毀棄がもたらす財物侵害の本質は，物が具備する経済的価値・使用価値などの効用が不利益に変更される点にあることから，物理的な破壊のみに限定する理由はないでしょう。

3　建造物損壊罪・建造物損壊致死傷罪

　本罪（260 条）における「建造物」とは，家屋その他これに類似する建築物をいい，屋根を有し，障壁または柱によって支持され，土地に定着し，少なくともその内部に人の出入りが可能なものをいいます。

「損壊」とは，建造物・艦船の効用を害する一切の行為をいいます。

　問題は，建造物へのビラ貼りが建造物等損壊罪を構成するかです〈各449頁〉。判例には，建造物の壁，ガラス扉，窓ガラス等に1回500枚ないし2500枚のビラを3回にわたり貼付した事案や，事務所の窓や扉のガラスにビラ60枚を貼付した事案につき，本罪の成立を肯定し，建造物の美観・威容も建物としての効用であるとして，この観点からビラ貼りを本罪にあたるとしたものもあります。効用侵害説に立脚し，文化財のような建物でなくても，その外観，美観を著しく汚損して原状回復に相当の困難を生じさせた場合には建物の効用を減損させたものにあたるとしたものであり，一般の建物の外観，美観がその効用となり得ることを示したものといえるでしょう。

4　器物損壊罪

　本罪（261条）の客体は，公用文書等毀棄罪，私用文書等毀棄罪，建造物損壊罪の客体以外のすべての物です。動産のほか，不動産も含まれます。動物も本罪の客体です。「損壊」とは，物の効用を害する一切の行為をいい，物理的破壊に限定されません。「傷害」とは，動物に対する損壊のことであり，動物を殺傷したり，逃がしたりすることをいいます。

5　信書隠匿罪

　本罪（263条）における「他人の信書」とは，特定人から特定人にあてられた意思を伝達する文書で，他人の所有に属するものをいい，信書開封罪（133条）の場合と異なり，封をしてある信書であることを要しないから，葉書も本罪の客体となります。「隠匿」とは，信書の所在発見を困難または不能にすることをいいます。

　毀棄の意義に関する物理的損壊説によれば，隠匿は毀棄に含まれな

い結果，本罪は，信書の隠匿をとくに処罰する，器物損壊罪の拡張規定と解されることになります。しかし，信書以上に重要な物の隠匿を不処罰として，信書だけについて処罰の拡張を認める理由はないでしょう。毀棄の意義に関する効用侵害説からは，隠匿も毀棄に含まれる結果，信書隠匿罪は，信書の隠匿のみをとくに軽く処罰する，器物損壊罪の減軽規定と解されることになります。

第 40 講　放火罪

1　序　説

やっと個人法益に対する犯罪が終了し，社会法益・国家法益に対する犯罪へと進みます。これまでロングジャーニーでしたが，もうそろそろ終わりへと近づきます。時間もありませんので，社会法益に対する犯罪の中でとくに重要な放火罪と文書偽造罪を，国家法益に対する犯罪の中では公務執行妨害罪と賄賂罪を取り上げます。

まずは，放火罪です。放火罪・失火罪は，火による公共危険罪であり，建造物等の燃焼によって，不特定または多数人の生命，身体，財産に危険をもたらす犯罪です〈各 463 頁以下〉。放火罪の保護法益は，「公共の安全」ですが，放火行為により建造物等の物が焼損されることから，副次的には，「個人の財産」も含まれ，さらに，現住建造物等放火罪については，住居に使用しまたは現在する一定の「個人の生命・身体」も含まれます。

2　「公共の危険」の意義

放火罪は公共危険罪であり，周囲の人々の生命・身体・財産等に危険を及ぼす犯罪であるから，「公共の危険」とは，放火の客体となった建造物等の外にあるもので，これを「外的危険」といいます。これに対して，108 条の現住建造物等放火罪においては，現在性と現住性が要件とされていることから，「外的危険」のみならず，併せて「内的危険」の存在が必要とされます。108 条の法定刑が重いのは，この「内的危険」と「外的危険」が共存しているからです。まず，この「外

的危険」の意味内容が問題となります。すなわち，この危険は，周囲の建造物に対する延焼を介して発生した場合に限るのか（限定説），あるいは，建造物を介さずに，直接に不特定または多数人の生命・身体・財産に発生する場合も含むのか（無限定説）が問題となります〈各465頁以下〉。ここでは，条文上「公共の危険」の発生を要件とする自己所有の非現住建造物等放火罪（109条2項）および建造物等以外放火罪（110条）のような具体的危険犯について問題となります。最高裁は，「自動車放火事件」において〈各465頁〉，付近の2台の自動車およびゴミ集積所に延焼の危険が及んだことをもって「公共の危険」の発生を認め，無限定説を採用しました（図40-1）。学説上，無限定説に立ちつつ限定する見解なども主張されていますので，検討の必要があります〈各466頁以下〉。

図40-1　自動車放火事件

3　「公共の危険」の判断基準

「公共の危険」について，客観的な可能性を基準に判断するべきか，

行為当時の一般人が抱く危険感を基準に判断するべきかが問題となります〈各467頁〉。危険犯における危険は保護法益への危険であり，また，放火罪が結果犯であることを考慮すれば，「公共の危険」は「結果としての危険」の問題といえるでしょう。したがって，「公共の危険」の有無の判断は，事後判断として客観的に行われなければならないと思います。

4　「公共の危険」の位置づけ

108条・109条1項の抽象的危険犯については，「公共の危険」が明文で要求されていませんが，放火罪の保護法益が「公共の安全」であり，その処罰根拠が「公共の危険」を発生させたことにある以上，「公共の危険」の存在を擬制することは許されないでしょう。抽象的危険犯においても，「公共の危険」は「書かれざる構成要件要素」として位置づけられるべきと思います〈各468頁〉。これに対して，109条2項・110条の具体的危険犯については，「公共の危険」が明文で要求されています。この「公共の危険」について，客観的処罰条件として位置づける見解もありますが，放火罪の処罰根拠が「公共の危険」を発生させたことにある以上，構成要件要素（構成要件的結果）と位置づけるべきでしょう。

5　「公共の危険」と「延焼の危険」

「公共の危険」と108条・109条1項の物件に延焼する危険との関係が問題となります〈各469頁〉。無限定説によれば，必ずしも108条・109条1項の物件への延焼に限定されず，それらの物件を媒介としないで，不特定多数人の生命・身体等に危険が生じる場合にも，110条の成立が認められることになり，「公共の危険」と「延焼の危険」とは区別できるでしょう。

198

6　「公共の危険」の認識

　以上のような「公共の危険」の位置づけは，「公共の危険」の認識の要否の問題に影響します〈各469頁以下〉。「公共の危険」を，客観的処罰条件，あるいは，加重結果として位置づけるならば，「公共の危険」の認識は不要という帰結となりますが，「公共の危険」を構成要件要素と位置づけるならば，「公共の危険」の認識は必要という帰結となるでしょう。判例は，従来から，認識不要説の立場をとっています。「バイク放火事件」〈各469頁〉を検討する必要があります。これに対して，通説は認識必要説を採用しており，これによれば，公共の危険の認識がなかった場合には，故意が阻却され，失火罪の成立が認められるにとどまります。

7　「公共の危険」と焼損概念

　具体的危険犯である放火罪については，客体を「焼損」し，かつ，「公共の危険」が発生したときに既遂となり，抽象的危険犯である放火罪については，客体を「焼損」したときに既遂となります。この「焼損」の意義については争いがあります〈各471頁以下〉。判例は，火が媒介物を離れ，目的物が独立して燃焼を継続しうる状態に達したときに既遂となるという考え方を採用しています（独立燃焼説）。これに対して，学説上，いくつかの見解が主張されていますが，独立燃焼すれば「公共の危険」は発生していることから，独立燃焼説が妥当でしょう。不燃性・難燃性の建造物については，目的物の独立燃焼に至らないまま，媒介物の火力によって，有毒ガスが発生したり，コンクリート壁が崩落するという事態が生じるだけであり，この場合に，独立燃焼説によれば未遂にならざるを得ない点が問題となっていますが，放火罪は，火力による目的物の焼損を要件としているのであり，目的物の燃焼によらない危険を包摂することはできないでしょう。

8　放火行為

　放火行為は，目的物の焼損を惹起せしめる行為，すなわち，点火行為をいいます〈各473頁〉。ただし，目的物への直接的な点火行為のみならず，媒体物への点火でもかまいません。その際，行為者の意図した最も重要な客体との関連において着手時期が問題となることから，たとえば，現住建造物を焼損する目的で，非現住建造物に放火した場合には，現住建造物に対する放火の実行の着手が肯定されます。

9　現住建造物等放火罪

　本罪の客体は，現に人が住居に使用し，または人が現在する建造物，汽車，電車，艦船もしくは鉱坑であり，前者は，「現住」建造物等であり，後者は，「現在」建造物等です〈各474頁以下〉。建造物とは，家屋その他これに類似する建築物をいい，屋根があり壁または柱で支持されて土地に定着し，少なくともその内部に人が出入りすることができるものをいいます。現「在」性とは，人の住居として使用されていないが，現に人がいることをいいます。これに対して，現「住」性とは，人の住居，すなわち，人の起臥寝食する場所として日常使用されていることをいい，昼夜間断なく人が現在することを要しないとされています。本条の「人」とは，犯人以外の者をいい，したがって，犯人が単独で住居に使用し，または犯人のみが現在する建造物等は，非現住建造物放火罪の客体となり，また，居住者全員を殺害した後に放火した場合には，本罪の客体とはならず，非現住建造物等放火罪が成立することになります。他方，旅行や家出などで一時的に住人がいない住居の場合には，現住性は否定されません。

　さらに，建造物の一体性が問題となるのは，一体性が認められる建造物の一部に放火すれば，その建造物全体への放火となるからであり，判例は，外観上1個の建物でその一部に現住性が認められる場合は，

1個の現住建造物と判断しています〈各477頁〉。これについては,「平安神宮放火事件」〈各478頁〉を検討する必要があります。判例によれば,非現住建物と現住(現在)建物との間に構造上の接続性(物理的一体性)が認められる場合には,基本的に建造物の一体性が肯定され,1個の現住建造物と認定され,各建物間に物理的一体性が認められない場合にも,使用上の観点から捉えた一体性(機能的一体性)が認められれば,建造物の一体性が肯定され,1個の現住建造物と認定されています〈各478頁〉。物理的一体性を判断するのに,現住建造物への延焼可能性も考慮すべきでしょう〈各479頁〉。

第41講　文書偽造罪

1　序　説

　文書偽造罪についてはなかなか理解が難しいですが，「名義人」と「作成者」の概念をしっかり理解すれば大丈夫です。「名義人Who？」，「作成者Who？」のジャーニーに向かいましょう。文書偽造罪の保護法益は，文書に対する公共の信用です〈各510頁以下〉。文書は，口頭による場合と異なり，意思表示を永続的な状態にすることによって，権利義務関係や一定の事実を証明する手段，すなわち，証拠となっています。このような証拠としての文書に対する公共の信用が害される場合には，社会生活における基盤を崩壊させる危険性もあります。

　文書偽造罪の保護の対象は，文書の形式の真正か，その内容の真正かについて，形式主義と実質主義の2つの立場があります〈各511頁〉。形式主義とは，保護の対象を文書の形式的真実，すなわち，文書の「作成名義の真正」と解する立場であり，実質主義とは，保護の対象を文書の実質的真実，すなわち，文書の「内容の真正」と解する立場をいいます。わが国の刑法典は，形式主義を採用し，ただ，例外的に実質主義を採用するものです。それは，現代社会においては，まずは，作成者が誰かが第1次的に重要であり，作成者が誰かが明らかであれば，その者に責任を追及することが可能だからです。なお，文書に対する公共の信用が現実に侵害される必要はなく，その危険が生ずれば足りると解されており，文書偽造罪は抽象的危険犯です。

2　文　書

　文書とは，一般に，文字または文字に代るべき符号を用い，永続すべき状態において，物体上に記載された意思または観念の表示と定義されています〈各 512 頁以下〉。文書の要件として，①人の意思・観念の表示，②可視性・可読性，③永続性，④社会的重要性，⑤名義人の存在，⑥原本性などが問題となります。このうち，⑤につき，文書は，人の意思または観念を表示したものですから，その主体である名義人の存在が必要です。名義人と作成者については後で述べます。当該文書から名義人が誰であるかを判別できないものは文書とはいえず，それは出所不明の怪文書にすぎません。⑥につき，文書偽造罪の客体は，「原本」に限定されるか，「写し」（写真コピー）も含まれるかについて従来から争いがありましたが〈各 515 頁以下〉。最高裁は，写真コピーの有する原本と同様の社会的機能と信用性を重視してその文書性を肯定しました〈各 516 頁〉。

3　偽　造──名義人と作成者

　「偽造」という概念は広狭種々の意味で用いられますが，刑法典各本条の構成要件的行為である「偽造」は，作成権限がないのに他人名義の文書を作成することと定義づけることができます（有形偽造）。他方，偽造は，文書の作成名義を偽ることであり，文書の内容が真実であると否とを問いませんから（形式主義），偽造文書とは，名義人と作成者とが一致しない文書です。したがって，偽造とは，「名義人と作成者の人格の同一性」を偽ることと定義づけることもできます。

　たとえば，X が甲に頼んで，X 名義の文書を作成した場合（X 弁護士が事務員甲に X 名義の文書をパソコンで作成した場合），甲には作成権限がありますから，甲の行為は偽造にあたりません。他方，人格の同一性という基準によると，名義人は X ですが，作成者は甲であるか

ら，甲の行為は偽造にあたる可能性も生じてきます。しかし，この場合，作成者も X であると解することができます。すなわち，作成者とは，文書作成に関する意思主体と解するわけです（事実的意思説）。この意思説をさらに法的に構成する見解が規範的意思説であり，作成者を，文書の内容から生じる法的効果が帰属される者のことと解するのです。しかし，この見解は，法的効果の有無という文書の内容を問題にする点で問題でしょう。形式主義からすれば，作成者が誰かは，文書内容の法的効果とは無関係に判断されるべきだと思います。

4　虚偽文書の作成（無形偽造）

　無形偽造，すなわち，虚偽文書の作成とは，文書の作成権限を有する者が，真実に反する内容の文書を作成することをいいます〈各 521 頁以下〉。刑法典は形式主義に立脚しているため，無形偽造に対しては制限的に処罰の対象としています。公文書については，直接無形偽造一般を処罰の対象とするとともに（156 条），間接無形偽造は公正証書の原本，公正証書の原本たるべき電磁的記録，免状，鑑札，旅券に限定し（157 条），私文書については，医師が公務所に提出すべき診断書，検案書，死亡証書のみに限定しています（160 条）。

5　行　使

　行使とは，不真正文書を真正文書として，または，内容虚偽の文書を内容真実の文書として使用することをいいます〈各 522 頁以下〉。文書を相手の閲覧に供してその内容を認識させまたは認識し得る状態におけば足り，通常，相手方に対する提示・交付・送付等によってなされますが，文書の性質によっては，一定の場所に備えつけることも行使となります。たとえば，偽造運転免許証を携帯して自動車を運転した事案につき，以前，最高裁は，携帯して運転すれば偽造公文書行使

罪が成立するとしていたが，その後，否定するに至りました〈各522頁〉。

6　行使の目的

　文書偽造罪・虚偽文書作成罪は，「行使の目的」をもって行われることが必要です〈各524頁〉。行使の目的は，客観的な行為に違法の意味づけを付与する行為意思であり，主観的違法要素（主観的構成要件要素）です。行使の目的とは，不真正文書を真正な文書として使用する目的をいい，必ずしもその本来の用法に従って使用する目的であることを要せず，真正な文書としてその効用に役立たせる目的があれば足ります。

7　公文書偽造等罪

　本罪（155条）において，公文書の作成に関与する者が複数いる場合（とくに公務所の場合），文書の作成権限があるか否かは困難な判断となります〈各526頁以下〉。たとえば，公文書の作成名義人（作成権限者），作成名義人からの決済を待たずに自らの判断で公文書を作成することが一般的に許されている者（代決者），文書の起案は委ねられているが決済は権限者が行う者（起案担当者），両名を補助して公文書の作成を事実上行っている者（機械的補助者）などが存在し，それぞれ公文書の作成権限の有無を判断しなければならないわけです。これらの補助公務員が勝手に公文書を作成した場合，判例は，公文書偽造罪の成立を認めていました。

　これに対して，最高裁昭和51年判決〈各527頁〉は，市民課課長の補助者の立場で，一定の条件下で印鑑証明書を作成する権限を有していたと認め，いずれも内容が正確であって，通常の申請手続を経由すれば，当然に交付されるものであったのであるから，補助者として

の作成権限を超えた行為であるということはできないと判示して，公文書偽造罪の成立を否定しました。しかし，内容の正確性を問題とする点は形式主義に反するのみならず，申請書の提出は当該補助公務員への作成権限を付与する条件となっていることから，本件公務員には作成権限はなく，公文書偽造罪の成立が肯定されると解するべきでしょう。

8　虚偽公文書作成等罪

　本罪（156条）の保護法益は，文書の「内容の真実性」に対する公共の信用であり，本罪の主体は，当該公文書を作成する権限を有する公務員です（真正身分犯）。虚偽公文書作成等罪を，非公務員あるいは作成権限を有しない公務員が，作成権限を有する情を知らない公務員を利用して，公文書に不実の記載をさせた場合に，本罪の間接正犯が成立するか否かが問題となります〈各528頁以下〉。この問題は，157条の公正証書原本不実記載等罪が，本罪の間接正犯の一形態を処罰対象としており，その法定刑が本罪のそれよりも軽いこととの関係をどのように解するかという問題と関連するわけです。判例は，公務員については，公文書の作成権限がない場合でも，本罪の間接正犯を認めますが，公務員の身分を有しない者については，本罪の間接正犯を認めず，157条にあたる場合にのみ，同条で処罰するという立場を採用していると解することができます。

9　公正証書原本不実記載等罪

　本条（157条）は，作成権限を有する公務員に対して虚偽の申立てをして，特定の公文書または電磁的記録に不実の記載・記録をさせる行為を規定しています〈各531頁以下〉。すなわち，私人の虚偽の申立てによる公文書の間接的な無形偽造を処罰の対象とするものです。行

為の主体は，非公務員であり，そのことから，虚偽公文書作成罪より
も法定刑が軽くなっています。

10　私文書偽造罪における「名義人の特定」

　本罪（159条）の行為は，文書を作成する権限をもたない者が，他
人の名義を偽って文書を作成することをいい，前に述べたように，近
時の判例は，「名義人と作成者の人格の同一性」を偽るという定義を
採用し，この観点から偽造の成否を判断しています〈各536頁以下〉。
その際，名義人の特定が問題となる場合と作成者の特定が問題となる
場合に分けて，個別問題を検討することが必要です。

　文書作成に関与する者が1人である場合，現実の作成者はその者で
あることは明らかであり，文書に記載された作成者に関する情報から
特定される者，すなわち，名義人が，この現実の作成者と「人格の同
一性」があるか否かが，偽造の成否を決定することになります。本名
以外の氏名を使用した場合が，通称名の使用，偽名・仮名の使用であ
り，本名を使用した場合が，肩書の冒用，代理・代表名義の冒用，代
理・代表権の逸脱・濫用です。

　この中で，「通称名の使用と偽造」につき〈各539頁以下〉，芸名や
ペンネームなどの通称を使用して文書を作成しても，通常は，名義人
と作成者の人格の同一性を偽ることにならないから，私文書偽造罪は
成立しません。しかし，近時の判例は，文書に記載内容や性質に応じ
て，「人格の同一性」を偽った場合には，通称名を使用して文書を作
成した場合でも，私文書偽造罪の成立を認めています。「違法在留者
通称使用事件」〈各539頁〉を検討する必要がありますが，再入国許
可申請書はその使用が予定された手続において証拠として活用される
ためには，そこに申請人として記載された氏名が本名であることが前
提となる文書なのであり，名義人は，「適法な在留資格を有するA」

となり，作成者はＸであるから，人格の同一性を偽ったといえるでしょう。

「肩書の冒用と偽造」につき〈各542頁以下〉，たとえば，同窓会名簿に掲載するための通知書に，Ｗ大学法学部准教授Ａが，Ｗ大学法学部教授Ａと署名して返信した場合，その文書の性質上，准教授か教授かという属性が名義人にとって重要ではなく，また，現実の作成者以外の者が名義人として特定される可能性がないことから，無形偽造であり，不可罰となります。これに対して，たとえば，Ｗ大学法学部長Ａという名義の成績証明書を，同姓同名であるＷ大学法学部准教授Ａが勝手に作成した場合，私文書偽造罪が成立します。この場合は，文書の性質上，氏名以外の一定の属性が重要であり，そのような属性を有する者との間に，人格の同一性のそごを生じさせているからです。このように，肩書の冒用が偽造になるか否かは，文書の性質を考慮して，名義人の特定にとって本質的な属性に関する偽りがあり，人格の同一性のそごが認められるか否かによって決定されることになります。この問題については「弁護士詐称事件」〈各542頁〉を検討する必要があります。

「代理・代表名義の冒用と偽造」につき〈各544頁〉，代理権や代表権がないにもかかわらず，「Ａ代理人Ｘ」あるいは「Ａ会社代表取締役Ｘ」と表示した文書を作成した場合，代理権が存在せず，事実として文書に関与した者はＸだけですから，作成者がＸであることについては問題はありません。これに対して，名義人が，本人であるＡあるいはＡ会社であるか，代理人あるいは代表者と表示されたＸであるかについては争いがあります。名義人を「本人（Ａ）」とする見解と，名義人を「Ａ代理人Ｘ（代理資格と代理人の氏名とが一体化したもの）」とする見解などがありますが，判例は，文書に表示された意識内容に基づく効果が，代理あるいは代表された本人に帰属することを

根拠として，名義人は本人であるとして，私文書偽造罪の成立を認めています〈各545頁〉。

11　私文書偽造罪における「作成者の特定」

　私文書の場合，名義人の承諾があれば，当該名義人の文書を作成しても，私文書偽造罪は成立しません。しかし，文書の性質によっては，他人名義で文書を作成することについての承諾が許されない場合，あるいは，名義人が文書の内容について責任を負うことが無意味な場合があり，これらの場合には，私文書偽造罪の成立が認められるか否かが問題となります〈各547頁以下〉。「交通反則切符事件」〈各548頁〉において，最高裁は，交通事件原票中の供述書は，その文書の性質上，作成名義人以外の者がこれを作成することは法令上許されないもので，供述書を他人の名義で作成した場合は，あらかじめその他人の承諾を得ていたとしても，私文書偽造罪が成立すると判示しました。

　他人名義の文書を作成することが法的に許容されること，あるいは，文書の性質上，名義人本人によって作成されることだけが予定されておらず，他人の名義使用も許されることが必要でしょう。たとえば，入学試験の答案などについては，表示内容についての責任の引受けがおよそあり得ないことから，承諾を与えた者は作成者となり得ず，名義人（答案に記載された氏名の者）と作成者（実際に受験した者）との間に，人格の同一性のそごがあり，私文書偽造罪の成立が認められることになります（図41-1）。

図 41-1　替玉受験

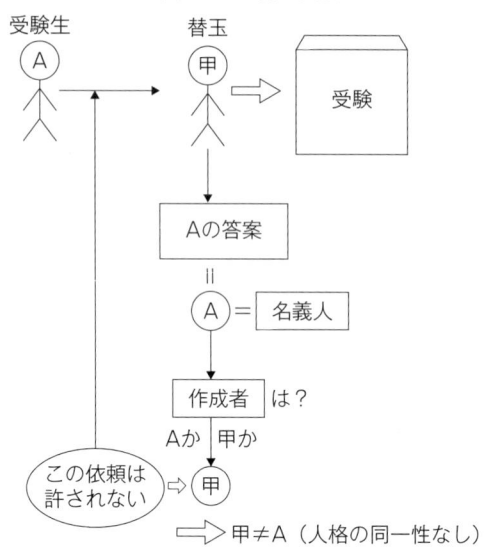

第42講　公務執行妨害罪

1　序　説

　最後に，国家法益に対する犯罪です。これも時間がないので，重要な犯罪だけをチラリズムでお話しします（笑）。まずは，公務執行妨害罪（95条1項）です〈各617頁以下〉。本罪の保護法益は，「公務」すなわち国または地方公共団体の作用です。公務を私人の業務よりも厚く保護する根拠は何かが問題となり，国民主権における公務の意味が問われなければならないでしょう。すなわち，国民の総意によって公務が権威づけられ，公務の円滑かつ公正な運用が国民の幸福追求にとって不可欠であるという点にその根拠があります。

2　行為客体

　公務執行妨害罪の行為客体は公務員です。公務員とは，「国又は地方公共団体の職員その他法令により公務に従事する議員，委員その他の職員をいう。」（7条1項）とされ，実質的には，「法令により公務に従事する職員」をいい，「議員」，「委員」，「国又は地方公共団体の職員」はその例示です。

3　職務の執行

　本罪は，公務員が「職務を執行するに当たり」，これに対して暴行または脅迫を加えたときに成立します。職務を「執行するに当たり」とは，職務の「執行に際して」の意味に解されており，現に執行中のほか，執行直前の状態も含まれます。具体的に問題となるのは，職務

を執行すべき場所に赴く行為や，待機中あるいは休憩中も「執行するに当たり」といえるかどうかです〈各 619 頁以下〉。「国鉄東灘駅事件」〈各 619 頁〉，「長田電報局事件」〈各 620 頁〉，「熊本県議会事件」〈各 620頁〉などがありますので，検討の必要があります。

4　職務の適法性の要否

　職務の適法性という要件は，95 条に規定されていませんが，公務員の違法な職務を保護するならば，公務員の身分・地位が保護される結果となり，また，違法な職務執行に対しては正当防衛も可能であり，そもそも国民は違法な職務行為に服従する義務はありません。本罪の保護法益は，公務員ではなく，公務それ自体であり，職務行為の適法性は本罪の成立要件となり，「書かれざる構成要件要素」と解するべきでしょう〈各 621 頁〉。

5　職務の適法性の内容

　職務行為の適法性要件として，判例・学説は一般に 3 つの要件をあげています〈各 621 頁〉。すなわち，①職務の執行が当該公務員の抽象的職務権限に属すること，②当該公務員が当該職務を行う具体的権限を有すること，③当該職務の執行が公務としての有効要件である法律上の手続・方式の重要部分を履践していることがこれです。①の要件について，たとえば，巡査が租税を徴収することなどは抽象的・一般的職務権限がなく，適法性を欠くことになります。②の要件としては，委任，割り当てがあってはじめて具体的権限が行使できる場合，一定の具体的事実や状況が必要な場合などがこれです。③の要件については，どの程度の方式違背が適法ではないとされるのかが問題となります。適法性にかえて，暴行・脅迫から保護すべき公務か否かという「公務の要保護性」基準が有用ですが，この基準は「違法な」職務

を「適法な」職務へと転化させる危険性を有するという問題もあります〈各 623 頁〉。

6　職務の適法性の判断基準

　適法性を判断する基準については，適法性の要件が公務員の職務行為自体の国家的利益と私人の個人的利益との比較衡量の基準となる以上，適法性判断は，裁判所による客観的判断であるべきでしょう（客観説）〈各 624 頁〉。次に，適法性の判断が事前判断か事後判断かという問題があります。客観説に立脚した場合，その内部で，職務行為当時における具体的事情を前提とした事前判断とする行為時標準説と，行為後の事情も含めた事後的な純客観的判断であるとする裁判時標準説（純客観説）が対立しています。判例は行為時標準説を採用しています。「誤認逮捕事件」〈各 625 頁〉を検討する必要があります。行為時標準説は，行為時の事情を考慮し，事後的に違法な職務であっても保護すべきとする「要保護性」論の論理的帰結です。しかし，客観的に適法性の要件を欠いている強制的な職務行為を国民は甘受する必要はないがゆえに，純客観説が妥当でしょう。

7　適法性に関する錯誤

　以上のような適法性の判断によって，当該職務行為が適法であるとされたときに，行為者がそれを違法だと誤信して妨害した場合，すなわち，適法性に関する錯誤をどのように処理するかが問題となります〈各 625 頁以下〉。適法性要件を構成要件要素と解する以上，事実の錯誤として故意が阻却されることになりますが，これによれば，行為者が根拠なしに違法だと軽信した場合にも故意阻却となってしまうという問題があります。したがって，適法性を基礎づける事実と適法性の評価それ自体とを区別し（2 分説），前者を事実の錯誤，後者を違法性

の錯誤とする見解が妥当でしょう。すなわち，適法性についての「意味の認識」の有無によって区別されるべきです。たとえば，逮捕状を示しているのに，行為者がその事実を認識しなかった場合のように適法性を基礎づける事実を誤認している場合には事実の錯誤であり，故意が阻却されますが，適法な逮捕行為を行為者が違法だと思ったなど，その事実の評価を誤認している場合には違法性の錯誤であり，故意は阻却されないことになります〈各626頁〉。

8　暴行・脅迫

　本罪の暴行は，公務員の身体に対して加えられる必要はなく，直接・間接を問わず公務員に向けられた不法な有形力の行使（間接暴行）をいいます。したがって，物に対する有形力であっても，間接的に公務員の身体に物理的に影響を与える場合であれば本罪の暴行と解することができます（物理的感応）。さらに，公務員である執行吏がその職務を執行するにあたり，公務員ではないその補助者に対して暴行・脅迫を加えた場合にも，公務執行妨害罪の成立は認められています。本罪における暴行・脅迫は，これによって，公務員の職務の執行が現実に妨害されたことを必要とせず，妨害となるべきものであれば足ります（抽象的危険犯）。

　なお，本罪の罪数は，公務が保護法益であることから，妨害された公務の数によって決定されます。手段たる暴行・脅迫は，別罪を構成せず本罪に吸収されますが，傷害罪，恐喝罪，強盗罪，殺人罪などが成立する場合には別罪が成立し，本罪との観念的競合となります。

第43講　賄賂罪

1　序　説

　いよいよ「終わりの終わり」の最終講義です（笑）。単位が欲しいと私にワイロを送っても駄目ですが，それを受け取っても私は公務員ではないので収賄罪は成立しません。以前，お中元やお歳暮レベルは大歓迎ですと冗談に言ったら，試験の答案にでっかいメロンの絵が描いてあり，「私からのお中元です」と書いてありました（笑）。このセンスはすばらしいですね。

　それはともかく，賄賂罪（197条以下）とは，収賄罪と贈賄罪とを総称する犯罪です〈各696頁以下〉。本罪の保護法益は，判例によれば，「公務員の職務の公正とこれに対する社会一般の信頼」であり，学説上，このように，「公務員の職務が公正に行われること」と「それに対する社会一般の信頼」が保護法益と解するのが「信頼保護説」です。なぜ「社会一般の信頼」というものが付加されるのかというと，賄賂罪の基本形態が職務に関して賄賂を収受するという単純収賄罪であり，公務が賄賂によって左右されたことが要件とされていないのは，公務が賄賂によって左右されたのではないかという不信感を国民に抱かせるからです。これに対して，「社会一般の信頼」という概念は不明確であるとして，端的に「職務の公正」を保護法益と解するのが「純粋性説」です。これによれば，賄賂罪の基本形態は，賄賂によって「不正な」職務行為が行われることを要件とする加重収賄罪となり，単純収賄罪は，不正な職務行為が行われる危険を有する行為を処罰する危険犯と位置づけられることになります（図43-1）。しかし，単純収賄

罪は，不正な職務が行われなくても成立する犯罪であり，とくに正当な職務行為が行われた場合に公正に対する危険性を認めることは困難であることから，信頼保護説が妥当でしょう。

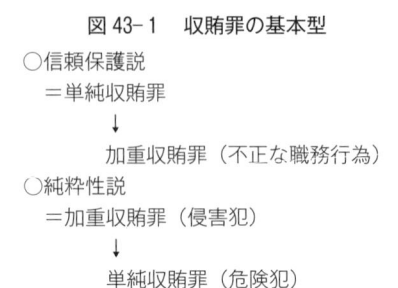

図43-1　収賄罪の基本型

○信頼保護説
　＝単純収賄罪
　　　　↓
　　　加重収賄罪（不正な職務行為）
○純粋性説
　＝加重収賄罪（侵害犯）
　　　　↓
　　　単純収賄罪（危険犯）

2　職務行為の意義と範囲

　賄賂罪は，あっせん贈収賄罪を除いて，公務員の「職務に関し」賄賂を授受することによって成立します〈各698頁以下〉。このような，賄賂の職務関連性が必要とされるのは，職務と対価関係にある金銭等の授受が行われたときにこそ，公務が金で左右されたのではないかという不信感が増大し，信頼侵害が生じるからです。

　まず，具体的職務権限，一般的職務権限の範囲内であれば，職務行為といえます。また，公務員が将来担当する可能性のある職務であっても本罪の職務にあたると解されています〈各701頁以下〉。しかし，この場合には，その職務を将来担当することについて高度の蓋然性があること，現在の職務と将来の職務との間に一般的職務権限の同一性があり，その職務の具体的行使が時期の到来など一定の条件に係っているにすぎないことが必要でしょう。さらに，過去に行われた職務についても，賄賂罪の成立が認められています〈各702頁以下〉。信頼保護説によれば，過去の職務と賄賂との対価関係が認められれば，職務の公正に対する社会の信頼は侵害されることになるから，賄賂罪の成

立は当然に肯定されることになるでしょう。

　問題は，公務員が一般的職務権限を異にする地位に転職した後に，転職前の職務に関して賄賂の授受が行われた場合に，いかなる賄賂罪が成立するかという点です〈各 703 頁以下〉。この問題について，最高裁は，収受の当時において公務員である以上は賄賂罪は成立するとしています。これに対して，学説の多くは，事後収賄罪の成否が問題になるにすぎないとしますが（限定説），過去の職務について賄賂罪を肯定する以上，一般的職務権限が同一である範囲に限定する必要はなく，条文の「その職務」とは，「現に担当している職務」ではなく，公務員の「自己の職務」であれば足りると解することができるでしょう。限定説は，この場合，事後収賄罪の成立を認めることになりますが，現に公務員であった者に対して事後収賄罪を認めるのは，条文の「公務員であった者」の解釈として無理があるでしょう。

　なお，判例によれば，公務員の本来の職務行為でなくても，それと密接に関連する行為についてであれば賄賂罪が成立するとされてきました〈各 704 頁以下〉。なぜなら，信頼保護説によれば，このような職務密接関連行為であっても，それに対して賄賂の授受がなされた場合には，職務の公正とそれに対する社会の信頼が害されるからと解されています。しかし，このような密接関連行為という基準は，不明確であり，職務と賄賂の対価関係を必要とする賄賂罪の構造に合わないことから，職務密接関連行為という概念を使用せずに，端的に，当該行為が職務の範囲内か否かを問題とすれば足りるでしょう。

3　賄賂の意義

　賄賂とは，公務員の職務行為に対する対価としての不正な報酬をいいます〈各 706 頁以下〉。判例によれば，賄賂は，財物に限らず，人の需要もしくは欲望をみたす一切の利益を含むとされ，したがって，金

銭，物品，不動産等に限られず，債務の弁済，金融の利益，芸妓の演芸，異性間の情交，就職のあっせん，ゴルフクラブの会員権などもすべて賄賂となります。問題となるのは，中元・歳暮のような社交上の儀礼的贈答と賄賂の区別・限界です。これは，公務員と贈与者の関係，社会的地位，財産的価値等を総合的に考慮して決定されるべきであり，その限界を逸脱するときは，中元・歳暮などの名目で贈られても賄賂性が肯定されることになります。

4　単純収賄罪

本罪（197条1項前段）の行為は，収受，要求，約束です〈各709頁以下〉。収受とは，供与された賄賂を自己のものとする意思で現実に取得することをいい，要求とは，賄賂の供与を求める意思表示をいい，約束とは，賄賂を供与し，これを収受することについて贈賄者・収賄者間で合意することをいいます。通常は，要求，約束，収受の順で行われることになり，この場合には，包括一罪となります。収賄側の収受は贈賄側の供与と，収賄側の約束は贈賄側の約束と，それぞれ対向関係にあり，必要的共犯であり，一方の犯罪が成立しないときは，他方の犯罪も成立しません。これに対して，収賄側の要求罪，贈賄側の申込みは，それぞれ一方的な行為によって成立するので，必要的共犯ではありません。賄賂罪は故意犯ですから，行為者には，賄賂であること，すなわち，職務に関する不正な利益であること（賄賂性）の認識が必要です。

5　受託収賄罪

本罪（197条1項後段）は，賄賂と対価関係に立つ職務行為が請託に基づく場合についての単純収賄罪の加重類型です〈各711頁以下〉。請託を受けることによって，賄賂と職務行為との特定的な対価関係が

より明白となり，職務の公正に対する社会の信頼がより強く侵害されるからです。請託とは，公務員に対して一定の職務行為を行うことを依頼することをいい，それが正当な職務行為か不正な職務行為かを問いません。

6　事前収賄罪

本罪（197条2項）は，「公務員となろうとする者」が，公務員になった場合の職務に関し，請託を受けて，賄賂を収受する等の行為を処罰するものです〈各712頁以下〉。本罪の主体は，公務員になろうとする者であり，たとえば，公務員として採用願を出しているがまだ採用されていない者をいいます。本罪は，行為者が公務員になった場合にはじめて処罰されます。行為者が公務員に就任してはじめて職務の公正およびそれに対する社会の信頼を害するおそれが生ずるのであり，また，可罰的違法性が認められることから，「公務員になった」ことは，客観的処罰条件ではなく，構成要件要素と解するべきでしょう。

7　第三者供賄罪

本罪（197条の2）は，公務員がみずから賄賂を受けとるのでなく，第三者に賄賂を供与させる犯罪です。本罪は，受託収賄罪の脱法行為を捕捉するための規定です〈各713頁以下〉。「供与させ」とは，第三者に賄賂を受け取らせることであり，「供与の要求」とは，その旨を相手方に求めることであり，「供与の約束」とは，その旨を相手方と同意することです。第三者が受け取りを拒否した場合には，約束または要求にとどまることになります。

8　加重収賄罪

本罪（197条の3第1項第2項）は，単に収賄行為がなされただけで

なく，収賄に関して不正な職務行為がなされた場合につき，刑を加重するものです〈各714頁以下〉。法を枉げるという意味で，枉法収賄罪とも称されます。不正な職務行為は，作為であると不作為であるとを問いません。不正な職務行為が不作為である場合には，作為が法律により義務づけられており，その作為が職務の範囲に属している必要があります。これに対して，判例は，職務に反する一切の作為・不作為をいうと解しています。なお，職務行為が裁量を許すものである場合には，行われた行為が正当なものであっても，裁量の濫用があれば不正です。また，収賄行為と「不正な行為」をし，または「相当の行為」をしなかったこととの間には因果関係が必要です。

9　事後収賄罪

　本罪（197条の3第3項）は，公務員が，その在職中に請託を受けて不正な職務行為をしたことに関し，退職して公務員でなくなった後に賄賂を収受等をなす行為を処罰するものです〈各716頁〉。在職中に賄賂を要求したり約束したりしたときは，通常の賄賂罪が成立し，事後収賄罪はこれに吸収されます。前に述べたように，一般的職務権限を異にする職務に転職した後に賄賂を収受するなどした場合にも，通常の賄賂罪が成立します。この場合に，本罪の成立を肯定する立場によれば，一般的職務権限に変更があったが公務員の身分を継続して有する者も本罪の主体に含まれることになるでしょう。

10　あっせん収賄罪

　本罪（197条の4）は，公務員が，いわゆる顔をきかせて，他の公務員の所管事項についてあっせんし，賄賂を収受する等の行為を処罰するものです〈各717頁以下〉。本罪においては，賄賂は，行為者の職務の対価ではなく，あっせんしたことの対価です。あっせんとは，他の

公務員への紹介，仲介，働きかけ，依頼などをいいます。あっせんは，不正な職務行為に対するものであることを要し，正当な職務行為をあっせんしても本罪は成立しません。「あっせんをすること又はしたこと」への報酬ですから，事前に賄賂の約束や収受がある場合のみならず，あっせん行為後に，はじめて賄賂を要求，収受する場合も含まれます。あっせんは，公務員としての立場で行われることが必要であり，単なる私人としての行為は含まれないとされています。

11　贈賄罪

　本罪（198条）は，収賄罪に対応して，賄賂の供与，申込み，約束という贈賄行為を処罰するものです〈各719頁以下〉。贈賄行為は，通常，賄賂の申込み，約束，供与という順で行われます。「申込み」とは，賄賂の収受を促すことをいい，公務員がその申込みを拒否した場合でも本罪が成立します。賄賂を供与したが拒否された場合も本罪が成立します。「約束」とは，賄賂の授受についての合意をいい，「供与」とは，賄賂を収受させることをいい，いずれも必要的共犯です。なお，公務員の妻に賄賂が提供された場合には，申込み罪が成立するにすぎず，公務員がその賄賂性を認識し容認した時点で供与罪が成立すると解するべきでしょう。贈賄罪の成立は，収賄罪の成立要件によって左右され，たとえば，収賄罪が請託を要件としている場合には，贈賄者についても請託をしたことが要件となり，請託の内容が不正な職務行為であることを要件とする事後収賄罪，あっせん収賄罪については，贈賄者も，その認識が必要です。

最終講　ルールの学習
── 野球のルールから法をみる ──

　ルールについては，第1講で簡単にお話ししましたが，最後にまた，ルールのお話をします。ルールだけに縷々（ルル）説明するわけですが（笑），それほど大事だと思っているからです。

　私は，根っからの巨人ファンであり，生来的巨人ファンと自称しています。巨人がどうすれば優勝できるかについてこれから3時間ほどお話ししたいですが（笑），時間がありませんので，もう少しためになるお話をします。それは，「野球から社会・法を学ぶ」ということです。野球というゲームが成り立つためには，ルールの存在が不可欠です。野球のルールブックをみれば分かるように，細かいルールがあってこそ一つのシステムが構成されるわけです。これは，サッカーでもラグビーでも，将棋や碁などでも同じであり，そしてさらに，社会や国家もルールがあってはじめて存立するわけです。こうしたルールは，言語によって構築され，「〜しなければならない」などの義務を関与者に課し，一定の行動をとることを指示します。そしてまた，野球選手らは，野球のルールを盲目的に従っています。このルールはおかしいと思いながらプレーしているわけではありません。選手らにはルールが体にしみ込んでいて，ルールについてほとんど無意識状態でプレーしているわけです。こうした状態を，法哲学者ハートは，ルールの「内的視点」と（ハート『法の概念』（ちくま学芸文庫，2014年）151頁以下），言語哲学者サールは「集合的志向性」と称しました（サール『社会的世界の制作』（勁草書房，2018年）63頁以下）。ザックリいいま

すと,「言語の使用→命令・依頼などの行為の遂行→社会的行為の遂行→社会の形成」というプロセスの中でルールを分析しなければならないでしょう。

　また,ルールは誰に向けられているのかという問題があります。野球のルールブックには審判員（アンパイア）に対するルールもありますし,監督や選手に対するルールもあります。それぞれに対する権限や義務などが規定されています。第1講で述べましたように,たとえば,199条の殺人罪の規定は,裁判官等の法適用者に向けられています。これが制裁規範です。他方,殺人行為を行った被告人は,この199条に違反することはできません。その行為は199条に「該当」するわけです。違反するのは,199条に内在する「人を殺すな」という行為規範（禁止規範）です。こうしたルールの2階層に着目する必要がありますが,これについては,ハートの「第1次ルールと第2次ルール」〈総7頁以下〉,サールの「統制的規則と構成的規則」〈総9頁注16〉などが参考になりますが,別の機会にお話ししましょう。

　いずれにせよ,法の学習はルールの学習であり,六法全書は野球のルールブックだと思えば,クレージーキャッツの「ホンダラ行進曲」を歌いながら（笑）,法を勉強したくなりませんか。最後まで失笑状態ですが,以前,学生が私の授業を「自笑行為」と言いましたが,素晴らしいネーミングだと思います（笑）。「楽しくなければ,大学ではない。」をモットーに,大いに楽しく勉強してくださいね。

　それでは,みなさん,「また逢う日まで」(尾崎紀世彦),See you again, Auf Wiedersehen, Au revoir, アンニョン, ザイチェン・・・。

▨ 著者紹介

高 橋 則 夫（たかはし・のりお）

1951 年　東京都に生まれる
1975 年　早稲田大学法学部卒業
現　在　早稲田大学法学部教授　法学博士（早稲田大学）
〈主要著作〉
『共犯体系と共犯理論』（成文堂，1988 年）
『刑法における損害回復の思想』（成文堂，1997 年）
『修復的司法の探求』（成文堂，2003 年）
『規範論と刑法解釈論』（成文堂，2007 年）
『対話による犯罪解決』（成文堂，2007 年）
『刑法総論』（成文堂，第 4 版，2018 年）
『刑法各論』（成文堂，第 3 版，2018 年）
『ブリッジブック刑法の考え方』（編著）（信山社，第 3 版，2018 年）

授業中　刑法講義 ── われ教える，故にわれあり

2019 年（令和元年）12 月 19 日　第 1 版第 1 刷発行

著　者　高　橋　則　夫
発 行 者　今　井　　　貴
　　　　　今　井　　　守
発 行 所　信山社出版株式会社
〒113-0033 東京都文京区本郷 6-2-9-102
Tel 03-3818-1019
Fax 03-3818-0344
Printed in Japan　　　info@shinzansha.co.jp

高橋則夫 編

ブリッジブック刑法の考え方〔第3版〕　　2,200 円

高橋則夫ほか 編

刑事法学の未来〔長井圓先生古稀記念〕　20,000 円

辰井聡子・和田俊憲 著

刑法ガイドマップ（総論）　　2,000 円

小野秀誠 著

法律学習入門　　2,500 円

―――――――― 信 山 社 ――――――――

（本体価格）

町野朔ほか 編
プロセス演習刑法〔総論・各論〕　　　3,600 円

甲斐克則 編
ブリッジブック医事法〔第 2 版〕　　　2,600 円

長谷川晃・角田猛之 編
ブリッジブック法哲学〔第 2 版〕　　　2,300 円

南野森 編
ブリッジブック法学入門〔第 2 版〕　　2,300 円

―――――――― 信 山 社 ――――――――

（本体価格）

判例プラクティス・シリーズ

憲法判例研究会 編

　　　（執筆　淺野博宣・尾形健・小島慎司・
　　　宍戸常寿・曽我部真裕・中林暁生・山本龍彦）

判例プラクティス憲法〔増補版〕　　　　3,880 円

松本恒雄・潮見佳男 編

判例プラクティス民法Ⅰ　総則・物権　　3,600 円

判例プラクティス民法Ⅱ　債権　　　　　3,600 円

判例プラクティス民法Ⅲ　親族・相続　　2,800 円

成瀬幸典・安田拓人 編

判例プラクティス刑法Ⅰ　総論　　　　　4,000 円

成瀬幸典・安田拓人・島田聡一郎 編

判例プラクティス刑法Ⅱ　各論　　　　　4,480 円

（本体価格）

──────── 信 山 社 ────────